»Löcher« im Unterricht

INHALTSANGABE

u.1

Stanley Yelnats, der Protagonist des Romans, ist ca. 15 Jahre alt, stammt aus einer amerikanischen *lower-middle class* Familie, hat keine Freunde, ist übergewichtig und ein Pechvogel. Wenige Wochen vor den Sommerferien gerät er in den Verdacht, die Turnschuhe des berühmten Baseballspielers Clyde Livingston, die dieser einer Kinderheim-Auktion für bedürftige Jugendliche gestiftet hatte, gestohlen zu haben, und wird verhaftet (S. 32 ff.). Stanley ist zwar unschuldig und gerät wie so oft nur aufgrund einer Verkettung unglücklicher Umstände in den ganzen Schlamassel, dennoch wird er dem Richter vorgeführt. So ist es immer bei den Yelnats: Stets sind sie zur falschen Zeit am falschen Ort. Die Familie führt ihre Dauerpechsträhne auf einen Fluch zurück, den Stanleys lettischer Ururgroßvater, Elya Yelnats, der Familie eingebrockt hat (S. 12 f.). Der Richter lässt Stanley die Wahl zwischen Gefängnis oder 18 Monaten Camp Green Lake. Dabei handelt es sich allerdings nicht um ein Ferienlager, sondern um eine Besserungsanstalt für schwer erziehbare und straffällig gewordene Jugendliche (S. 17 f.). Das Erziehungsprinzip von Camp Green Lake ist denkbar einfach: Die Jungen, die in diesem Camp ihre Strafe absitzen, müssen jeden Tag bei brütender Hitze ein rundes Loch in den knochenharten Wüstenboden graben, fünf Fuß tief und fünf Fuß breit. Das Graben dient angeblich der Charakterbildung, ist aber äußerst anstrengend und vor allem gefährlich: In der Wüste kriechen eine Menge Skorpione, Klapperschlangen und gelb gefleckte Eidechsen herum. Wird man von einer solchen Eidechse gebissen, stirbt man einen qualvollen Tod.

Als Stanley im Camp ankommt, wird er zunächst von den Aufsehern Mr. Sir und Mr. Pendanski empfangen, die ihm sein Zelt zuweisen, in dem er schlafen soll. Seine Mitgefangenen sind: X-Ray, der inoffizielle Anführer im Zelt, Torpedo, Magnet, Deo, Zickzack und Zero (S. 24 ff.). Und so beginnt Stanleys Leben im Camp. Anfangs erscheint ihm die Aufgabe, ein so tiefes Loch zu buddeln, kaum zu bewältigen, doch von Tag zu Tag fällt ihm die Arbeit leichter. Stanley macht sich Gedanken über das Leben im Camp und je länger er dort ist, desto mehr vermutet er, dass es beim Graben nicht nur um Charakterbildung geht, sondern dass irgendwo in der Wüste ein Schatz vergraben liegt, der gefunden werden soll (S. 175). Als es eines Tages wieder Ärger mit den Aufsehern gibt, flüchtet Zero, mit dem Stanley sich über die Zeit angefreundet hat, in die weite, unbewohnte Wüste von Green Lake, also in den sicheren Tod (S. 176 f.). Einige Tage später will Stanley Zero suchen und flüchtet ebenfalls (S. 185 ff.). Nach einem langen Fußmarsch durch die Wüste findet er seinen Freund (S. 195). Gemeinsam treten sie die beschwerliche Wanderung in Richtung des »Großen Daumens« an, eines Berges, an dem sie schließlich Wasser und Zwiebeln finden und wieder zu Kräften kommen (S. 220 ff.). Da Stanley ungefähr weiß, wo der Schatz vergraben sein könnte, beschließen die beiden, ins Camp zurückzukehren und den Schatz zu heben (S. 238 ff.). Tatsächlich stoßen sie in einem der Löcher auf einen großen Koffer, werden allerdings von der Chefin und Mr. Sir überrascht, die ihnen den Koffer wieder wegnehmen wollen (S. 250 ff.). Das scheitert zunächst daran, dass sich die beiden Erwachsenen nicht an die Jungs herantrauen: In dem Loch wimmelt es nur so von giftigen gelb gefleckten Eidechsen, aber Stanley und Zero werden aufgrund ihres Zwiebelgeruchs nicht gebissen. Gerade als die Chefin und Mr. Sir überlegen, die Jungen einfach zu erschießen, erscheint eine Frau, die sich als Stanleys Anwältin herausstellt und ihm mitteilen will, dass der Richter ihn nun doch freigesprochen habe (S. 270 ff.). Nun werden die Zustände im Camp offensichtlich, sodass Camp Green Lake geschlossen wird und man die Chefin sowie die Aufseher verhaftet.

Parallel zur Haupthandlung schildert Louis Sachar die vom Pech geprägte Familiengeschichte der Yelnats. Die erzählte Zeit liegt um 1880 bis 1900. Stanleys Ururgroßvater Elya Yelnats lebt in Lettland und verliebt sich in eine junge Frau. Um sie heiraten zu können, muss er ihrem Vater das fetteste Schwein im Dorf bieten. Elya holt sich Rat bei Madame Zeroni. Diese verrät ihm, wie er das fetteste Schwein bekommen kann, und verlangt als Gegenleistung die Erfüllung ihres letzten Wunsches. Elya hält sich nicht daran, bekommt seine Angebetete nicht zur

Frau und flieht nach Amerika. Damit legt er einen Fluch über sich und seine Nachkommen, denn ab diesem Zeitpunkt scheint die Familie Yelnats vom Pech verfolgt (S. 39 ff.). Elyas Sohn, der Urgroßvater Stanleys, wird als reicher Mann in der Umgebung von Green Lake von der gefürchteten Banditin Kissin' Kate Barlow ausgeraubt, die sich wegen ihrer verbotenen Liebe zu Sam, einem Schwarzen Zwiebelverkäufer, an den Menschen der Umgebung rächen will. Kate Barlow vergräbt den Schatz, bevor sie von Sams Nebenbuhler gefunden und durch den Biss einer gelb gefleckten Eidechse getötet wird. Über zahlreiche Umwege und Verstrickungen finden vier Generationen nach dem Familienfluch mit Stanley und Zero die Nachfahren von Elya und Madame Zeroni wieder zusammen und schaffen es, den Fluch durch ihre Freundschaft zu bannen. Damit beginnt für die beiden Verlierertypen endlich eine Glückssträhne: Sie entdecken den verlorenen Schatz und es stellt sich heraus, dass dieser Stanley zusteht, weil er vor langer Zeit seinem Urgroßvater gestohlen wurde (S. 275 ff.). Am Ende sind beide Freunde reich, Stanley kauft ein Haus für seine Familie und Zero kann endlich seine verschollene Mutter ausfindig machen, es kommt zur Familienzusammenführung (S. 291 ff.). Damit hat sich für Stanley und Zero schließlich doch noch alles zum Guten gefügt und der Kreis wird geschlossen.

u.2 DIDAKTISCHES PROFIL DES ROMANS

Das didaktische Potenzial des Romans als Unterrichtslektüre liegt in der Verknüpfung von vertrauten, assimilativen und eher neuen, akkommodativen Aspekten. Die vertrauten Aspekte des Textes, wie etwa in den Dimensionen Thematik, Figuren, Wirklichkeitsbezug usw., ermöglichen den Schülerinnen und Schülern einen eigenen, individuellen Zugang zum Text, bieten also Anknüpfungsmöglichkeiten für eine eigene Textdeutung (Assimilation). Dieser Aspekt zeigt das lesefördernde Potenzial der Erzählung. Der Bereich des literarischen Lernens, auch »literarische Rezeptionskompetenz« genannt, wird durch die neuen, zusätzlichen Anforderungen, die der Text an das literarische Verstehen stellt, angesprochen. Tabellarisch kann das didaktische Profil des Jugendromans folgendermaßen dargestellt werden:

Dimension des Textes	Das Vertraute: Möglichkeit zur Assimilation (Leseförderung)	Das Neue: Notwendigkeit zur Akkommodation (literarisches Lernen)
Wirklichkeitsbezug	▸ Im Grunde realbiografische Schilderung, obwohl die Handlung zum Teil auch fantastische Züge trägt	▸ Erzählte pluriregionale Welt ▸ Erzählte Welt (texanische Wüste, *boot camp*/Arbeitslager, Strafvollzug, Familienfluch) nicht vertraut ▸ Fiktionalisierung einer Geschichte mit realer Grundidee ▸ Unterscheidung der realen Grundidee von der Fiktion
Thematik	▸ Ich-Findung ▸ Erwachsenwerden ▸ In Aufgaben hineinwachsen ▸ Selbstverantwortlich handeln ▸ Die individuelle Identität stärken ▸ Integration in eine Gruppe → Sozialisation ▸ Rückhalt finden ▸ Sich beweisen ▸ Seinen Platz verteidigen	▸ Strafvollzug in einem *boot camp* ▸ Unmittelbare, plötzliche Zerstörung der Geborgenheit des kindlichen Alltags ▸ Täglicher Drill/Gehorsam ▸ Körperliche Anstrengung ▸ Leben in der texanischen Wüste; Verlassen der gewohnten, vertrauten Umgebung und der Bezugspersonen ▸ Neue Kompromisse eingehen ▸ Alte Gewohnheiten und altes Selbstverständnis aufgeben ▸ Begegnung mit dem Tod, Todesangst

Dimension des Textes	Das Vertraute: Möglichkeit zur Assimilation (Leseförderung)	Das Neue: Notwendigkeit zur Akkommodation (literarisches Lernen)
Figuren	▶ Größtenteils Identifikation mit Stanley ▶ Identifikation mit Zero ▶ Identifikation mit Nebenfiguren, z. B. Sam, Katherine Barlow, Stanleys Vater	▶ Auseinandersetzung mit kontroversen Figuren des Romans, z. B. Linda Walker, Mr. Sir, Trout Walker
Sprache/Stil	▶ Dominanz der äußeren Handlung ▶ Hoher Dialoganteil ▶ Jugendsprache im Camp	▶ Innere Handlung/Innensicht der Figuren ▶ Innere Monologe ▶ Symbolik ▶ Z. T. Verwendung von amerikanischen Ausdrücken und Namen
Literarische Formelemente/ Erzählkonzept	▶ Geschlossenes Ende, Handlungsbogen schließt sich vollständig	▶ Dreigeteilter, parallel erzählter Handlungsverlauf ▶ Zeitsprünge/zeitraffendes Erzählen ▶ Inhaltliche/stilistische Parallelen und Differenzen zwischen den Erzählebenen

Insgesamt schafft es Louis Sachar, eine Balance zwischen leseförderndem Potenzial und der Notwendigkeit zur »Akkomodation« bestehender Verstehensschemata, d. h. literarischem Lernen, zu schaffen. Thematik und Motive des Romans betreffen jedoch eher neue, den Schülerinnen und Schülern unbekannte Aspekte, die sie fordern, sich auf neue Sachverhalte einzulassen und in fremde Wirklichkeitsmodelle einzudenken.

Aufgrund der Thematik und der Sprache des Jugendromans ist es möglich, den hier vorgestellten Unterrichtsvorschlag in den Klassenstufen 6 bis 8 durchzuführen. Nimmt man den englischsprachigen Originalroman »Holes« dazu, bietet sich der Roman durchaus auch für Klasse 9 und höher an. Die Integration von fächerübergreifenden Aspekten ist möglich, sollte jedoch nicht im Mittelpunkt einer Unterrichtseinheit zu »Löcher« stehen.

LITERARISCHES PROFIL DES ROMANS

Themen und Motive

Der Jugendroman »Löcher« von Louis Sachar wurde 1998 geschrieben und schildert einen Zeitabschnitt von mehreren Wochen, die der Protagonist Stanley im Arbeitslager Camp Green Lake in der heißen texanischen Wüste verbringen muss.

Der Roman bietet eine Fülle an Motiven und Thematiken. Die Spanne reicht dabei von der Ich-Findung und Identitätsbildung Jugendlicher zum Schatzsucherabenteuer im Wilden Westen, über Revolverheldinnen (die Männern das Fürchten lehren) bis hin zum kritisch-ironischen Blick auf die amerikanische Gesellschaft und ihren Umgang mit jugendlichen Straftätern. Im Großen und Ganzen aber erzählt der Roman Geschichten von unterschiedlichsten Außenseitern und (scheinbaren) Versagern. Da ist zunächst der Protagonist Stanley, der durch Pech und Unglück in die Hände von Polizei und Justiz gerät und für ein Verbrechen verurteilt wird, das er nicht begangen hat. Ebenfalls vom Pech verfolgt ist sein Vater, ein erfolgloser Erfinder, der seit Jahren vergeblich versucht, ein Recyclingverfahren für alte Turnschuhe zu entwerfen. Beide Yelnats machen für ihr alltägliches Scheitern und ihre Misserfolge nicht sich selbst oder ihr eigenes Handeln verantwortlich, sondern führen ihr »Pech« direkt auf einen alten Familienfluch zurück, der nach einer Familienlegende vor vielen Jahren über Stanleys Ururgroßvater verhängt worden ist. Das alles erscheint zunächst abstrus und komisch, birgt aber reichlich Tragik in sich. Denn anstatt die Misserfolge anzugehen und einen Versuch zu starten, die individuelle Situation aus eigener Kraft zu verbessern, gilt der Fluch den Yelnats quasi als Entschuldigung, sich passiv und ohne Kampf in ihr vom Unglück verfolgtes Schicksal ergeben zu dürfen. Stanley jedoch durchläuft innerhalb des Romans nach und nach einen Entwicklungsprozess: Er mausert sich vom Pechvogel und Antihelden zum Glückspilz und Helden.

Kinder und Jugendliche erleben häufig, dass mit dem Versuch der Identitätsbildung das Gefühl von Schwäche und Versagen einhergeht. Insofern sind ihnen Außenseiter wie Stanley lebensweltlich nicht fremd. Literarische Außenseiter ermöglichen den Leserinnen und Lesern nun eine Rezeptionshaltung, die sich als Mischung aus Distanzierung (»Zum Glück ist das bei mir nicht so«) und Wiedererkennung bzw. Verständnis für Probleme in bestimmten Situationen (»So fühle ich mich auch schon mal«) charakterisieren lässt. Beim Lesen reift also die Erkenntnis, dass es in der Literatur – aber eben auch im wirklichen Leben – Personen gibt, denen es genauso bzw. schlechter geht als mir. Dabei ist der Prozess der Auseinandersetzung mit den Außenseiterfiguren vielschichtiger zu sehen denn als reine »Identifikation« mit diesen. Solche Rezeptionsleistungen können besser mit »Projektion«, »Empathie« oder eben »Distanznahme« beschrieben werden.

Erzähltechnik

Der im Präteritum verfasste Roman gliedert sich in 50 Kapitel, die wiederum in drei Teile (»Sie betreten Camp Green Lake«, »Das letzte Loch« und »Löcher werden gefüllt«) gegliedert sind. Das Buch erscheint mit seinen 296 Seiten zunächst sehr umfangreich, die klare Gliederung und die zumeist recht kurzen Kapitel machen die Lektüre aber auch für leseungewohntere Schüler:innen überschaubar.

Der Roman hat mehrere Erzählstränge und dementsprechend mehrere Schauplätze: Hauptschauplatz ist Camp Green Lake, weitere Erzählorte sind Lettland mit den Geschehnissen um den Ururgroßvater, die zum Familienfluch geführt haben, und der Ort Green Lake 110 bis 90 Jahre vor der Erzählgegenwart. Die parallelen Handlungsstränge werden durch vielfältige Bezüge und Andeutungen zu einer raffinierten Erzählkonstruktion verwoben: Während die Leser:innen die Abenteuergeschichte mit Stanley durchleben, bekommen sie durch Rückblicke in die beiden anderen Erzählstränge zusätzliche Informationen, die sich Stück für Stück zusammenfügen und einerseits in sich Sinn generieren, andererseits zunehmend die Geschehnisse der Haupthandlung erklären.

Der Roman ist in auktorialer Er-Erzählperspektive verfasst. Dennoch verleiht Louis Sachar dem Er-Erzähler auch personale Züge. Dies bringt eine Erzählperspektive mit sich, die den Leser:innen eine Innensicht in Stanleys Gedanken und Gefühle ermöglicht (z. B. »Als Stanley versuchte, sich auf seinem Feldbett umzudrehen, befürchtete er, es könnte unter seinem Gewicht zusammenbrechen«; S. 31), sich aber größtenteils auf die Figur des Protagonisten beschränkt. In Bezug auf die anderen Figuren des Buchs verfügt der Erzähler nur über eine eingeschränkte Innensicht. So erhalten die Leser:innen z. B. in Kapitel 30 (S. 164 ff.) keinen Hinweis darauf, dass Zero vor Wut und Verzweiflung kocht und Mr. Pendanski schlagen wird – bis er es tatsächlich tut (S. 176). Diese Szene ist der erste Höhe- und zugleich Wendepunkt der Geschichte. Die Situation erhöht die Spannung für die Leser:innen und sorgt für einen Überraschungsmoment, was die Lesemotivation deutlich steigern kann. Verstärkt wird dieser Effekt durch zahlreiche weitere Spannungsmomente, die Sachar immer wieder in den Roman einbaut (z. B. die Funde Stanleys, Konkurrenzkämpfe unter den Jungs, bei der Chefin in der Hütte etc.).

Das Geschehen der Haupthandlung wird vollständig aus Stanleys Blickwinkel geschildert. Der personale Er-Erzähler ermöglicht mit seiner ironisch-kommentierenden Haltung bei aller Empathie auch einen »wissenden« Abstand zur Hauptfigur, eine Haltung zwischen Nähe und Distanz. Der Wissenshorizont des Erzählers ist mit dem der jeweiligen Figuren gleichgeordnet. Die personalen Erzählzüge bringen den Einsatz von erlebter Rede sowie inneren Monologen mit sich und lassen die Leser:innen an Stanleys Gedanken, Meinungen, Ängsten und Zweifeln teilhaben. Der Einsatz dieser Redeformen lädt zur Identifikation mit der Hauptfigur Stanley, aber auch mit verschiedenen Nebenfiguren (z. B. mit Zero bei dessen Wutausbruch) ein. Insgesamt ist das Verhältnis zwischen Erzähler- und Figurenrede (Dialoge) recht ausgeglichen. Die personale Erzählsituation erlaubt einen perspektivgetreuen und damit auch begrenzten Blick auf das Geschehen. Dennoch streut der Autor immer wieder Verweise ein, die Dinge vorwegnehmen oder erst im Laufe der Geschichte wichtig werden (z. B. das Kapitel über die Eidechsen, S. 56 f.).

Louis Sachar erzählt Stanleys Geschichte praktisch als ironische Neuauflage des »American Dream«. Er tut dies in kurzen Sätzen und in einer auffallend trockenen, fast kargen Sprache, die ohne Ausschmückungen in einem deutlichen Kontrast zu der ihr innewohnenden Tragik steht. »Löcher« besticht durch seinen hintergründigen Witz, der einerseits aus der ironisch-verzweifelt-ergebenen Haltung Stanleys seinem Schicksal und Fluch gegenüber entsteht, andererseits durch die Schilderung der Figuren, die es schaffen, dem Leben allen Widrigkeiten zum Trotz Sympathie entgegenzubringen.

DEUTUNGSPERSPEKTIVEN

Die zentrale Deutungsperspektive des Romans liegt im Übergang der Hauptfigur vom Antihelden zum Helden und damit dem Übergang vom Isoliertsein hin zum Aufgenommen- und Akzeptiertsein in der Gruppe.

Die Ankunft im Camp stellt für Stanley den Beginn eines Entwicklungsprozesses dar. In Green Laketrifft er im Zelt D auf andere straffällige Jugendliche, die mindestens genauso viele, wenn auch zum Teil andere Probleme haben wie er selbst. Zunächst landet er innerhalb der Gruppenhierarchie ganz unten, sogar unter Zero, dem armen, Schwarzen Analphabeten. Stanley versucht zu überleben und macht trotz aller Schwierigkeiten, wie etwa der unmenschlich harten körperlichen Arbeit unter Schwerstbedingungen, zum ersten Mal die Erfahrung, dass man an scheinbar nicht zu bewältigenden Aufgaben nicht zwangsläufig scheitern muss, wenn man nur genügend Willenskraft besitzt (Kapitel 7, S. 36 ff.). Zum ersten Mal empfindet er auch Stolz über eine vollbrachte Tat (S. 55). Seine pragmatische Art verhilft ihm bald zu einer Art Ansehen in der Gruppe, und zu Zero, der persönlichen Kontakt zu ihm sucht, kann Stanley zum ersten Mal in seinem Leben eine Freundschaft entwickeln, die den Ausgangspunkt für seinen persönlichen Reifungsprozess darstellt. Durch das Gefühl, von einem anderen gebraucht und gemocht zu werden – zusammen stark zu sein –, überwindet Stanley plötzlich seine Selbstzweifel und Ängste, traut sich etwas zu und entdeckt persönlichen Mut. Zero ergeht es ganz ähnlich: Er bricht aus seinem Schicksal aus, weil er sich dadurch stark fühlt, dass sich jemand für ihn einsetzt. Für beide ist dies der Übergang vom passiven Erdulden zum aktiven Handeln. Die vorsichtige Annäherung, durch die beide persönlich reifen, wachsen und erstarken, gipfelt in der gemeinsamen Flucht auf den »Großen Daumen«, die sich letztlich als schicksalhafte Erfüllung des alten Familienfluchs erweist (S. 291).

Für den Erfolg von »Löcher« spielt eine Rolle, dass in der Literatur das Schicksal von Außenseitertypen und Antihelden sowie die Frage, wie solche Typen ihre Identität finden (oder scheitern), schon immer eine Faszination auf Jugendliche ausgeübt hat. Dabei geht es besonders um den unterhaltenden Aspekt, der durch faszinierende Besonderheiten und Auffälligkeiten im »Versageralltag« entsteht. Der Außenseiter ist also ein gattungsspezifisches Figurenprofil des Jugendromans. Stanley Yelnats ist allerdings weniger der psychologisch-soziologisch zu verstehende Außenseitertyp, sondern eine literarische Kunstfigur, für die das fortwährende und allgegenwärtige Pech, also auch seine Erfahrung des Scheiterns, zum Charakteristikum seiner Person wird. Insofern ist »Löcher« nicht als realistischer Problemroman zu lesen, sondern als Mischung aus fantastischer Geschichte, Abenteuerroman, Krimi und witziger Parabel. Damit wird auch der Gegensatz zu den klassischen literarischen Außenseiterfiguren deutlich: Stanley und Zero sind gerade nicht Außenseiter, weil sie gesellschaftliche Normen bewusst missachten würden, sondern weil sie von der Gesellschaft ausgegrenzt, zu Außenseitern gemacht werden. In diesem Sinne kann »Löcher« ebenfalls als Adoleszenzroman gelesen werden, denn die jugendlichen Helden wagen in mehrerer Hinsicht einen »Ausbruch«.

In Stanleys Geschichte finden Jugendliche Beispiele dafür, was Ehrlichkeit bedeuten kann und in welchen Situationen es vielleicht besser ist, nicht ehrlich zu sein; welche Chancen und Risiken damit verbunden sind, Zivilcourage zu zeigen und mutig zu sein; und dass auch vermeintlich starke Jungen und Männer – aber auch Mädchen und Frauen – verzweifelt sind, Ängste haben und jemanden brauchen, der sie tröstet. »Löcher« zeigt weiterhin, was es bedeutet, auf seine eigene Leistung stolz sein zu können (und wenn es nur ein großes Loch in der Wüste ist), sich auch mit seinen Schwächen zu akzeptieren, und dass es sich lohnt, niemals aufzugeben.

METHODENKISTE

Der Einsatz von Unterrichtsmethoden ist immer an die Frage gekoppelt, welche Ziele mit einem bestimmten methodischen Setting erreicht werden sollen, welche Kompetenzen die Schüler:innen im Umgang mit dem Lerngegenstand erwerben sollen. Wir gehen daher in der folgenden Übersicht von den Bildungsstandards aus, wie sie von der KMK für den mittleren Bildungsabschluss formuliert worden sind. Zu den einzelnen Standards sind dann mögliche methodische Umsetzungen und Beispiele für die Behandlung des Romans »Löcher« aufgeführt – die Zuordnung einer Methode zu einem Bildungsstandard ist natürlich nicht immer trennscharf.

Dies ermöglicht einen raschen Blick darauf, was die Erzählung an literarischen, inhaltlichen und formalen Möglichkeiten bieten kann. Die aufgeführten Beispiele sollen als Anreiz zur Umsetzung und Modifizierung dienen und überschreiten das Pensum einer Unterrichtseinheit zum Buch bei weitem. Je nach Interessen und Lernvoraussetzungen der Schüler:innen kann hier eine Auswahl getroffen werden.

Die vorgestellten Methoden stehen oftmals in Verbindung mit einem fächerübergreifenden Ansatz (hier v. a. mit Biologie, Gemeinschaftskunde, Religion, Ethik, Englisch, Geschichte), der sich je nach Klassensituation, Klassenstufe, Vorwissen und Interessen der Schüler:innen anpassen lässt.

Bildungsstandards	Methoden	Beispiele
→ Verschiedene Lesetechniken beherrschen		
• Über grundlegende Lesefertigkeiten verfügen: flüssig, sinnbezogen, überfliegend, selektiv, navigierend lesen	• Ein Kapitel bzw. eine besonders bedeutsame Stelle vorlesen bzw. vorlesen lassen • Den gestaltenden Lesevortrag vorbereiten und üben • Die Auswahl individuell begründen	• Der Turnschuh-Diebstahl (S. 32–35)
	• Sinngestaltendes Lesen üben (Dialoge evtl. mit verteilten Rollen, Intonation etc.)	• Besuch beim Boss (Kap. 20, S. 113 ff.)
→ Strategien zum Leseverstehen kennen und anwenden		
• Leseerwartungen und -erfahrungen bewusst nutzen	• Inhaltliche Vorbereitung der Themen des Buchs durch Text und Bild	• Jugendstrafvollzug in den USA und in Deutschland • Wüsten • Der Wilde Westen • Menschenrechte
	• Impulse durch Titel, Umschlagbild, Covertext, Autor, Verlag	• Vermutungen zum Titelbild • Vermutungen zum Titel • Covertext lesen, Vermutungen zum Inhalt des Buchs • Assoziationen evtl. durch eine Mindmap an der Tafel darstellen
• Textschemata erfassen, z. B. Aufbau des Textes	• Handlungsstränge entflechten	• Camp-Handlung und historische Parallelhandlung
• Verfahren zur Textstrukturierung kennen und selbstständig anwenden	• Alternative Kapitelüberschriften generieren	• Den Kapiteln während des Leseprozesses eigenständig Überschriften geben (als Zusammenfassung des Gelesenen) • Großkapitel feiner gliedern
	• Wesentliche Textstellen identifizieren	• Stanley findet das goldene Röhrchen (S. 79 f.)
	• Bezüge zwischen Textteilen herstellen	• Bezugnahme der Parallelgeschichten auf den Verlauf der Haupthandlung
	• Fragen aus dem Text ableiten	• Gründe für Stanleys Verurteilung (S. 32 ff.)
• Verfahren zur Textaufnahme kennen und nutzen	• Aussagen erklären und konkretisieren	• Zero ist nicht dumm (Kap. 22, S. 122 ff.)
	• Stichwörter formulieren	• Flucht zum Großen Daumen (Kap. 34 ff., S. 192 ff.)

Bildungsstandards	Methoden	Beispiele
	• Texte und Textabschnitte zusammenfassen	• Stanleys Ankunft im Camp Green Lake (Kap. 4, S. 17 ff.)

→ Literarische Texte verstehen und nutzen

Bildungsstandards	Methoden	Beispiele
• Ein Spektrum altersangemessener Werke – auch Jugendliteratur – bedeutender Autorinnen und Autoren kennen	• Weitere Bücher von Louis Sachar vorstellen	• Zum Beispiel den Nachfolgeroman »Kleine Schritte«
• Zusammenhänge zwischen Text, Entstehungszeit und Leben des Autors/der Autorin bei der Arbeit an Texten aus Gegenwart und Vergangenheit herstellen	• Biografie von Louis Sachar und seine bevorzugten Themen	→ **i.2**, Aussagen Sachars zur Entstehung seiner Romane auf www.louissachar.com
• Zentrale Inhalte erschließen	• Lebensbedingungen von Figuren als Grafik oder Mindmap darstellen	• Eine Figurenkonstellation/ein Schaubild der Schauplätze erarbeiten
	• Ein den Text erschließendes Unterrichtsgespräch anhand von Leitfragen führen	• Gesamtes Buch, besonders relevant: Kap. 4, 13, 20, 25, 28, 39, 44, 50
• Wesentliche Elemente eines Textes erfassen: z. B. Figuren, Raum- und Zeitdarstellung, Konfliktverlauf	• Eine Figurenkonstellation erarbeiten	• Zum Konfliktverlauf: Bilder/Grafiken zu ausgewählten Kapiteln malen, die Stimmung mit Farben, Formen und Material festhalten (z. B. von Stanley in Kap. 11, S. 69 ff.)
	• Eine Figur charakterisieren, evtl. im Vergleich	• Eine Charakteristik zu Mr. Sir und Mr. Pendanski erstellen und beide vergleichen
	• Einen Handlungsstrang mit eigenen Worten beschreiben	• Ereignisse und Entwicklungen beschreiben, die dazu führen, dass Stanley ins Camp muss (S. 30 ff.)
	• Die Beziehung zwischen Figuren herausarbeiten	• Beziehung zwischen Stanley und Zero: Beziehungskurve erstellen
	• Die Handlungsorte der Erzählung zeichnen oder nachbauen	• Camp Green Lake heute • Green Lake damals • Auf dem Großen Daumen
• Wesentliche Elemente eines Textes erfassen: z. B. Figuren, Raum- und Zeitdarstellung, Konfliktverlauf	• Zeitdehnungen und Zeitraffungen erarbeiten	• Zeitraffungen der Parallelhandlung herausarbeiten • Romanende (Kap. 50, S. 291 ff.)
• Wesentliche Fachbegriffe zur Erschließung von Literatur kennen und anwenden	• Die Erzählkonstruktion in Form einer Grafik/Tabelle darstellen	• Tabellarische Übersicht: Ereignisse, beteiligte Figuren, Stanleys Rolle, Stanleys Gedanken und Gefühle
	• Sprachliche Bilder und Metaphern erkennen und über ihre Leistungen diskutieren	• Die Rolle der Löcher • Bedeutung der Spitznamen
	• Unterschied zwischen Ich-Erzählung und Er-Erzählung erarbeiten	• Einen Textabschnitt als Ich-Erzählung verfassen (z. B. Kap. 7, S. 36 ff.)
• Sprachliche Gestaltungsmittel in ihren Wirkungszusammenhängen und in ihrer historischen Bedingtheit erkennen: z. B. Wort-, Satz- und Gedankenfiguren, Bildsprache (Metaphern)	• Assoziationen sammeln und Textwirkungen untersuchen	• Graben des ersten Loches (Kap. 7, S. 36 ff.)
	• Die Figurennamen etymologisch unter die Lupe nehmen	• Etymologie der Namen Kate Barlow, Stanley, Elya (auch der Spitznamen)
	• Den Spannungsbogen einer Szene bzw. der gesamten Erzählung beschreiben und darstellen	• Spannungserzeugende Textstellen von Kap. 30 (S. 164 ff.) identifizieren
• Eigene Deutungen des Textes entwickeln, am Text belegen und sich mit anderen darüber verständigen	• Eine kontroverse Diskussion zum Thema oder zu bestimmten Figuren führen	• Handelt Stanley richtig, als er die Schuld für den Diebstahl der Sonnenblumenkerne auf sich nimmt? • Handelt er richtig, als er Zero in die Wüste folgt?
	• Ein fiktives Interview mit einer Figur führen	• Interview mit Mr. Pendanski führen, inwiefern und wie er den Jungs im Camp helfen will
• Analytische Methoden anwenden	• Den antizipierten und realen Handlungsverlauf mündlich oder schriftlich vergleichen	• Welche Erwartungen hat der Covertext aktiviert? • Nach Zeros Flucht

Bildungsstandards	Methoden	Beispiele
• Analytische Methoden anwenden (Forts.)	• Handlungsmotive einer Figur herausarbeiten	• Warum folgt Stanley Zero in die Wüste? (Kap. 32 ff., S. 183 ff.)
	• Ein Kapitel mit einem subjektiven »Untertext« versehen	• Stanley erhält seinen Spitznamen (Kap. 16, S. 94 ff.)
	• Ein Gedicht zu einem zentralen Textmotiv schreiben	• Das Graben der Löcher
	• Den Brief einer Figur verfassen	• Stanley schreibt einen Brief an seine Mutter, in dem er ihr die Wahrheit über das Camp erzählt
	• Brief an eine Hauptfigur schreiben	• An den Richter, um zu erklären, warum der Familienfluch an Stanleys Lage Schuld ist
	• Einen Textteil aus einer anderen Perspektive im inneren Monolog schreiben	• S. 18–22 aus Sicht von Mr. Sir schreiben
	• Ein Kapitel in einen Tagebuchtext umwandeln / einen fiktiven Tagebucheintrag verfassen	• Stanleys erster Tag im Camp
	• Einen Zeitungsbericht bzw. eine Reportage über die Geschichte schreiben	• Verwicklungen, die zu Stanleys Verhaftung und Verurteilung führten
	• Die Geschichte weiterdenken und -schreiben	• Was passiert mit dem Boss und Mr. Sir, nach Schließung des Camps? (S. 291)
• Produktive Methoden anwenden	• Den Text zu bestimmten Stellen anders weiterschreiben	• Stanley schafft es trotz aller Bemühungen nicht, sein Loch zu graben (Kap. 7, S. 36 ff.) • Stanley nimmt die Schuld, Mr. Sirs Sonnenblumenkerne geklaut zu haben, nicht auf sich
	• Ein literarisches Rollenspiel, z. B. zu einer Szene, durchführen	• Stanley trifft seine Mitbewohner (Kap. 5, S. 29 ff.) • In der Hütte der Chefin (Kap. 20, S. 113 ff.)
	• Ein Plakat zum Buch erstellen	• Ein alternatives Titelbild entwerfen
	• Einen Handlungsort malen, zeichnen oder nachbauen	• Camp Green Lake • Der Große Daumen
	• Ein Hörspiel verfassen	• Gespräch über Berufswünsche (Kap. 12, S. 73 ff.)
	• Eine Befragung zum Thema des Buchs durchführen	• Klassenbefragung zu Stanley
	• Eine thematische Aktion durchführen	• Einladung eines Bewährungshelfers • Aktuelle Nachrichten zum Thema verfolgen und einordnen
• Handlungen, Verhaltensweisen und Verhaltensmotive bewerten	• Sympathie/Antipathie zu den Figuren thematisieren	• Plakate erstellen, die zu einer der Hauptfiguren die als positiv und negativ empfundenen Aspekte verdeutlichen
→ Sach- und Gebrauchstexte verstehen und nutzen		
• Informationen zielgerichtet entnehmen, ordnen, vergleichen, prüfen und ergänzen	• Eine thematische Collage erstellen	• Ereignisse in Stanleys Leben
• Intention(en) eines Textes erkennen	• Hintergrundtexte zu Themen des Romans analysieren	• Informationen zum Jugendstrafvollzug in Zeitungsberichten und/oder Büchern recherchieren
→ Medien verstehen und nutzen		
• Informationsmöglichkeiten nutzen	• Internet- und Buchrecherche zu Themen des Romans	• Strafvollzug, Identitätsfindung, Freundschaft, texanische Wüste
• Medien zur Präsentation und ästhetischen Produktion nutzen	• PowerPoint-Präsentationen bzw. Hypertexte erarbeiten, vorstellen und reflektieren	• Recherchierte Zusatzinformationen aufbereiten

Vorschlag für eine Unterrichtseinheit in inklusiven Klassen

Die hier vorgestellte Unterrichtseinheit zu »Löcher« richtet sich nach dem Grundsatz »erschließend, nicht erschöpfend«. Die Einheit besteht aus vier Modulen und wird durch die Infoblätter und Kopiervorlagen[1] dieses Heftes unterstützt.

- Modul A: Lesen und Erarbeitung des Romans
- Modul B: Thematische Aspekte des Romans
- Modul C: Projektorientierte Arbeit mit dem Roman
- Modul D: Reflexion der Lektüre

Denkbar ist der Einsatz eines Lesetagebuchs. Hier finden eigene Gedanken und Notizen, aber auch im Unterricht erarbeitete Aspekte Platz und können immer wieder nachgeschlagen werden. Somit ist eine Sicherung der Ergebnisse gerade zu diesem thematisch sehr anspruchsvollen Roman gewährleistet. Außerdem bietet ein Lesetagebuch den Vorteil, dass die Schüler:innen ihren Interessen entsprechend darin arbeiten können. Zusätzlich können dort die Arbeitsblätter abgelegt werden, sodass nach und nach ein persönliches Lektürebuch entsteht, das am Ende der Einheit als Grundlage der individuellen Reflexion genutzt werden kann.

Das abschnittsweise Lesen könnte in folgenden Schritten und mithilfe folgender Arbeitsanweisungen erfolgen:

- Nach **k.1**: Lies die Kapitel 1 bis 6 des Romans.
- Nach **k.2**: Lies das Kapitel 7 des Romans.
- Nach **k.4**: Lies die Kapitel 8 bis 14 des Romans.
- Nach **k.5**: Lies die Kapitel 15 bis 20 des Romans.
- Nach **k.6**: Lies die Kapitel 21 bis 45 des Romans.
- Nach **k.7**: Lies die Kapitel 46 bis 50 des Romans.

Modul A: Lesen und Erarbeitung des Romans

- Erste Kontaktaufnahme mit dem Buch: Titelbild, Covertext, Erstellen eines Zeilometers (→ **k.1**)
- Lektüre des Romans:
  - teils häuslich (z. B. mit Notizen ins Lesetagebuch oder Deutschheft)
  - teils im Unterricht (Vorlesen durch Lehrer:in und Schüler:innen, stille Lesephasen)
- Erstellen einer Kapitelübersicht und/oder Darstellung der verschiedenen Handlungsstränge (vgl. → **i.3**), z. B. als Klassenposter
- Schwerpunktmäßige Bearbeitung einiger Szenen oder Kapitel mithilfe der Kopiervorlagen
- Weitere Anregungen aus der »Methodenkiste« dieses Heftes → **u.5**

Modul B: Thematische Aspekte des Romans

- Thematische Vertiefung u. a. folgender Aspekte:
  - Jugendstrafvollzug in Deutschland und international
  - *boot camps*: Geschichte, Gegenwart und Kontroversen
  - Wüsten: Flora und Fauna, Leben und Überleben in der Wüste
  - Western als literarisches bzw. filmisches Genre
  - Geschlechterrollen: Wie werden wir zu Mädchen/Jungen und Frauen/Männern gemacht?
  - Einwanderung und Menschenrechte: Die USA als Einwanderungsland, Rassendiskriminierung
- Selbstständige Recherche in Bibliothek und/oder Internet zu selbst gewählten Themen
- Sichtung von Filmen der regionalen Medienzentren zum Thema
- Präsentation von Arbeitsergebnissen

1 Jede Kopiervorlage genügt für eine Doppelstunde, ist nach den Lernzielstufen des Deutschen Bildungsrats mit den entsprechenden Operatoren formuliert und nach einem Stundenverlauf von 1. Einstieg, 2. Erarbeitung (Präsentation nach jeder Nr. 2 möglich), 3. Sicherung, 4. Transfer und (manchmal) 5. Hausaufgabe formatiert. Wechsel der Sozialform (Unterrichtsgespräch, Einzel-, Partner-, Gruppenarbeit) nach eigenem Ermessen.

Modul C: Projektorientierte Arbeit mit dem Roman

- Die Schüler:innen arbeiten in Einzel-, Partner- oder Gruppenarbeit an unterschiedlichen, selbst gewählten Themen zum Roman oder zu thematischen Aspekten (z.B. zum Autor, zu Textdeutungen und Rezensionen, zur Erzähltechnik)
- Bearbeitung der Kopiervorlagen, die nicht in Modul A eingesetzt wurden
- Weitere Anregungen aus der »Methodenkiste« dieses Heftes → **u.5**
- Vielleicht ist es auch möglich, sich mit den Schülerinnen und Schülern ein paar »verrückte« Aktionen auszudenken, die thematisch zum Roman passen, z.B.:
  - Auf einer Wiese ein 5 × 5 Fuß großes Loch graben
  - Rohe Zwiebeln essen
  - Ein Experiment mit alten Turnschuhen durchführen
- Präsentation von Arbeitsergebnissen

Modul D: Reflexion der Lektüre

- Präsentation von Arbeitsergebnissen aus den Lesetagebüchern
- Verfassen einer Rezension (z.B. als Leistungskontrolle)
- Vergleich zwischen Buch und Film (vgl. → **i.5**)
- Abschließendes Gespräch über die Lektüre

Die Kopiervorlagen auf drei Niveaustufen bieten gerade den Lehrerinnen und Lehrern, die in inklusiven bzw. stark heterogenen Klassen unterrichten, die Möglichkeit, alle Schüler:innen individuell zu fördern und ihnen Erfolgserlebnisse im Umgang mit dem Buch zu ermöglichen.

Die Materialien bieten neben niveauunterschiedlichen Lernphasen in Einzel-, Partner- oder Gruppenarbeit immer wieder auch gemeinsame Phasen, in denen sich alle Schüler:innen der Lerngruppe über ihre Leseprozesse gemeinsam verständigen können.

Die Schüler:innen, die auf dem grundlegenden Niveau lernen, arbeiten mit der vereinfachten Textfassung »Löcher«. Einfache Sprache entspricht dem Sprachniveau A2/B1 und richtet sich an Kinder mit LRS oder geringen Deutschkenntnissen.

Die Kopiervorlagen des G-Niveaus (k.1) beziehen sich auf diese Textfassung, die Kopiervorlagen des M-Niveaus (M = mittleres Niveau) (k.1) und des E-Niveaus (E = erweitertes Niveau) k.1 auf die andere Textfassung.

Infoblätter

ZUM AUTOR LOUIS SACHAR

i.1

Louis Sachar wird 1954 in East Meadow im Staat New York geboren. Im Alter von neun Jahren zieht er mit seiner Familie nach Tustin in Kalifornien. Er ist ein guter Schüler, der gern zur Schule geht und sich während der High School zu einem leidenschaftlichen Leser entwickelt. Nach der Schule besucht Sachar das College, studiert Wirtschaftswissenschaften und interessiert sich für russische Literatur. Bald beschließt er, Russisch zu lernen, um seine liebsten russischen Klassiker in Originalsprache lesen zu können.

Neben seinem Studium arbeitet Sachar in mehreren Nebenjobs, z.B. als Aushilfslehrer an einer Grundschule. Dabei macht er die Erfahrung, dass ihm keine der Kurzgeschichten, die die Kinder lesen, zusagt. So beginnt er, selbst zu schreiben. Nebenher führt er sein Studium fort und promoviert 1976 in Wirtschaftswissenschaften. Ab 1977 studiert er Jura an einer juristischen Fakultät, wo er 1980 seinen Abschluss erwirbt. Auch wenn er seinen Hauptberuf im Schreiben sieht, beginnt er als Anwalt zu arbeiten, um seine Schreibleidenschaft zu finanzieren. Ab 1989 verkaufen sich seine Bücher so gut, dass er sich vollständig auf das Schreiben konzentrieren kann. 1985 heiratet Sachar eine Grundschullehrerin, 1987 kommt die gemeinsame Tochter zur Welt.

Heute lebt Louis Sachar mit seiner Frau und seinem Hund in Austin, Texas.

Werke (Auswahl)

- **Der Fluch des David Ballinger.** München: dtv, 2004.
- **Du bist ein Witz, Garry Boone!** München: dtv, 2005.
- **Bradley – letzte Reihe, letzter Platz!** München: dtv, 2005.
- **Kleine Schritte.** Berlin: Bloomsbury, 2006.
- **König, Dame, Joker.** Berlin: Bloomsbury, 2011.
- **Schlamm oder Die Katastrophe von Heath Cliff.** Weinheim/Basel: Beltz, 2018.

Auszeichnungen für »Löcher« (Auswahl)

1998 Boston Globe-Horn Award
1998 National Book Award
1999 Newbery Medal
2001 Nominierung für den deutschen Jugendliteraturpreis

i.2

INTERVIEW MIT DER ÜBERSETZERIN BIRGITT KOLLMANN: »WIE EIN KIND, DAS MAN IN DIE WELT ENTLÄSST«

Birgitt Kollmann über ihre »Löcher«-Übersetzung, die schönen und schwierigen Seiten ihres Berufs und »Ssplisch«

Frau Kollmann, wie sind Sie zur Übersetzung von »Holes« gekommen?

Der Verlag hat mir die Übersetzung angeboten, nachdem ich schon mehrere Bücher für ihn übersetzt hatte. Ich habe »Holes« gelesen und sofort zugesagt.

Wie gehen Sie beim Übersetzen vor?

Ich versuche immer, mich erst ein Stück vom Text zu lösen, das muss man auch, und wenn ich dann dasitze und am Bleistift kaue (bzw. auf den Bildschirm starre), verschiedene Varianten durchprobiere, entferne ich mich manchmal sogar ziemlich weit. Aber schließlich kehre ich immer wieder zu meinem Ausgangssatz im Original zurück und versuche, so nah wie möglich daran zu bleiben. Ich möchte mich nicht einmischen in diese Beziehung zwischen Autor und Text, die ja doch sehr intensiv ist. Wenn man selbst Schriftsteller ist, glaube ich, ist die Gefahr größer, dass man über die reine Übersetzung hinausgeht, sich mehr Freiheiten erlaubt.

Was fanden Sie an Louis Sachars Buch interessant oder lohnend?

Das war eigentlich die Verknüpfung von mindestens drei Geschichten, das fand ich spannend. Schade finde ich, dass das bei der Hörbuch-Fassung nicht so rauskommt. Der Text wird sehr schnell gelesen, sodass sich diese drei Geschichten stark vermengen und der Hörer/die Hörerin nicht immer gleich weiß, wo er/sie gerade ist. Im Buch geht das durch die klar abgesetzten Kapitel sehr gut. Diese unterschiedlichen Geschichten in einer, das hat mir großen Spaß gemacht. Als ich den Anfang des Romans las, wie Stanley in Handschellen nach Green Lake gebracht wird, habe ich gedacht: »Oje, das wird wieder so ein grausames Buch, in dem alles nur schrecklich und traurig ist«, aber dann merkt man ja sehr schnell, dass es anders kommt.

War die Arbeit an »Löcher« für Sie im Vergleich zu anderen Übersetzungen eher schwierig?

Nein, eigentlich eher leicht. Das Buch ist ja vom Sprachlichen her nicht sehr schwierig. Ein Problem war zum Beispiel, wie ich das mit dem Boss mache: Das Wort »Boss« ist ja im Deutschen männlich. Im Roman klärt sich erst auf Seite 86, dass der Boss hier eine Frau ist. Im Englischen ist der Begriff geschlechtsneutral. Das führt dazu, dass deutsche Leser:innen natürlich etwas in die Irre geführt werden. Das ist schade, aber es gibt da keinen Ausweg, zumindest habe ich keinen gefunden.

Gab es noch etwas beim Übersetzen, was Sie schwierig fanden?

Ja, aber das hatte nicht direkt mit dem Übersetzen zu tun: Ich hatte immer Angst, die Generationen in Stanleys Geschichte durcheinander zu bringen, also Urgroßvater und Ururgroßvater zu verwechseln. Deswegen habe ich mir sogar einen Stammbaum der Familie gezeichnet. Aber ich glaube, es stimmt überall. Worüber ich nie ganz glücklich gewesen bin, war die Übersetzung »Ssplisch« für die eingemachten Pfirsiche, die Zero gefunden hat, und später auch für das Fußspray. Im Englischen heißt es ja »Sploosh«. Ich habe dieses Doppel-s eingeführt, damit man nicht »Schplisch« liest. Ich wollte schließlich das Zischen rüberbringen, das entsteht, wenn man ein Einmachglas öffnet oder ein Spray verwendet. Im Original schwingt im doppelten »o« das Samtige von Pfirsichen mit. Bei Ssplisch entsteht durch das »i« in der Mitte eher ein helles Geräusch. Ich habe viel nachgedacht, ganz unterschiedliche Wörter ausprobiert und bin am Ende bei »Ssplisch« geblieben.

Vielleicht könnte man die Schülerinnen und Schüler mal selbst ausprobieren lassen, ob ihnen etwas Neues einfällt. Das fände ich interessant.

Gibt es Stellen im Buch, die Sie besonders gelungen übersetzt finden?

Das ist bei der eigenen Übersetzung schwer zu sagen. Ich bin immer froh, wenn es im Deutschen zu idiomatischen Ausdrücken etwas Entsprechendes gibt. Zum Beispiel sagt X-Ray auf Seite 94 »Stimmt's oder hab ich Recht?« Als ich die Stelle jetzt wieder las, habe ich mir überlegt, was da wohl im Original stand. Das ist überhaupt immer ein gutes Zeichen, wenn man sich selbst nicht erinnert, wie der Originaltext lautete, ihn nicht durch die Übersetzung durchschimmern sieht. Und an dieser Stelle hieß es: »Am I right or am I right?« Wenn es solche Entsprechungen gibt und sie einem auch einfallen, hat man Glück. Aber das ist nicht mein Verdienst, sondern abhängig davon, ob es da im Deutschen etwas gibt, was gut passt.

Wie kamen Sie auf die Spitznamen der Jungs?

Solche Sachen sind immer ganz lustig, weil sie ganz spontan entstehen. »Armpit« bedeutet ja Achselhöhle und da liegt der Gedanke an ein Deo nicht so fern – und da der Junge Theo heißt, war der Weg sogar sehr kurz. Zuerst war das nur so ein Arbeitstitel, also ein vorläufiger Name für mich, aber irgendwann hieß der Junge für mich Deo und ließ sich auch nicht mehr umbenennen. Und Squid? In meinem großen Wörterbuch stand unter anderem die Bedeutung Torpedofisch – und das war's auch schon.

Hätten Sie gedacht, dass »Löcher« jemals so erfolgreich wird?

Nein. Irgendwie denkt man beim Übersetzen nie so weit. Das Einzige, was ich inzwischen gelernt habe, ist, beim Übersetzen mögliche Hörbuchfassungen im Kopf zu haben. Deshalb lese ich mir meine Übersetzungen oft laut vor. Das kann zum Beispiel zur Folge haben, dass ich Sätze kürzer oder leichter sprechbar mache. Als Leser kann ich mit den Augen über manches hinweglesen oder auch größere Satzzusammenhänge erfassen, beim Hören nehme ich anders auf. Dass »Löcher« mittlerweile so oft als Klassenlektüre benutzt wird, finde ich sehr schön, aber damals war mir das nicht in den Sinn gekommen.

War die Übersetzungsarbeit zu »Löcher« für Sie im Rückblick eine schöne Erfahrung?

Ja, absolut. Von den 25 Büchern, die ich bis jetzt übersetzt habe, gehört »Löcher« zu denen, die mir besonders viel Spaß gemacht haben. Es ist immer so, dass ein Buch, das man übersetzt hat, wie ein Kind ist, das man in die Welt schickt. Man hofft immer, dass alle Leute nett zu diesem Kind sind, wenn es seine ersten unabhängigen Schritte macht, und deshalb liest man auch ganz ängstlich die ersten Rezensionen, auch wenn es da oft gar nicht um die Übersetzung geht. Bei »Löcher« waren die Besprechungen von Anfang an sehr positiv. Der bekannte Jugendbuchautor und Übersetzer Andreas Steinhöfel hat ihm zum Beispiel in der FAZ die Höchstwertung gegeben: »Fünf von fünf Schaufeln. Löchern. Echsen. Sternen.« Das hat mich gefreut.

Frau Kollmann, vielen Dank für das Gespräch.

i.3 FIGURENKONSTELLATION UND SCHAUPLÄTZE

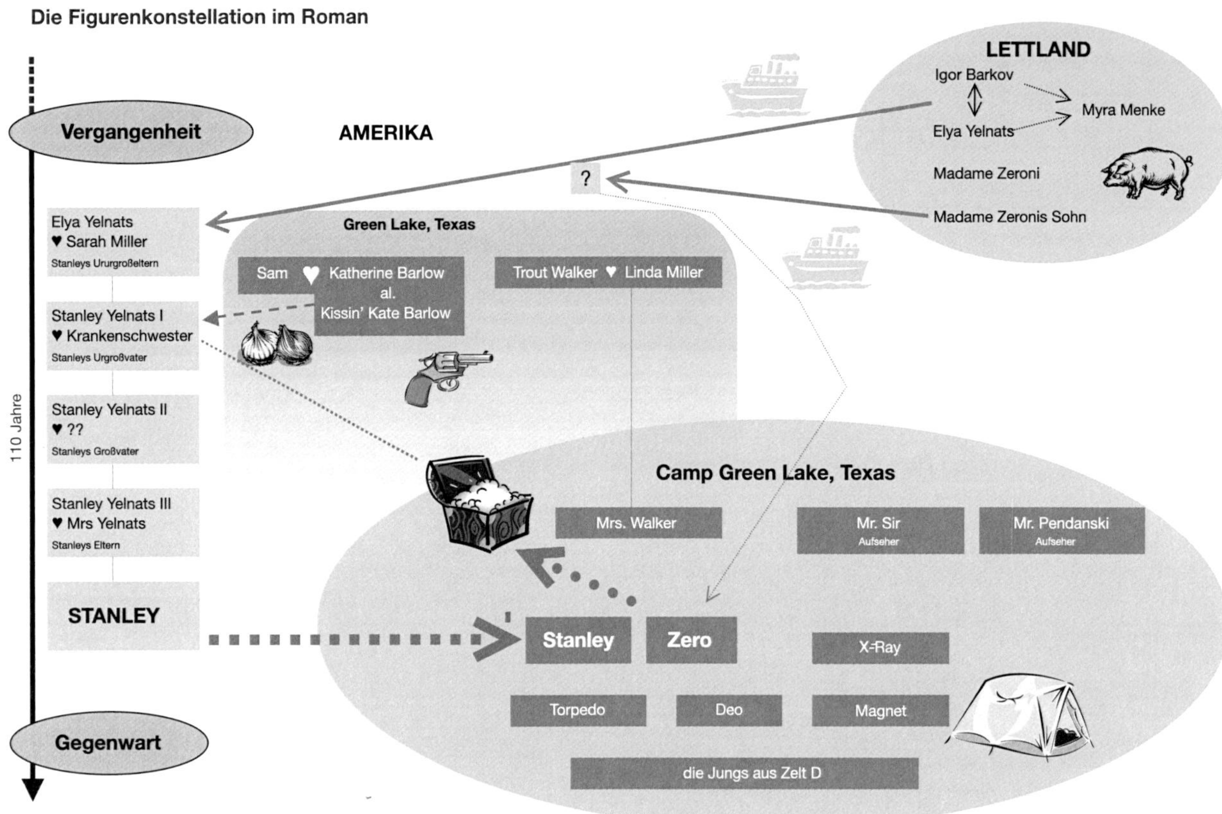

i.4 ZUR REZEPTION DES ROMANS

Auszeichnungen

»Löcher« wurde in den USA mit mehreren renommierten Literaturpreisen ausgezeichnet, u.a. mit dem Boston Globe-Horn Award und dem National Book Award (beide 1998) und der Newbery Medal (1999). Der Roman wurde 2001 für den deutschen Literaturpreis, Sparte Jugendbuch nominiert. Mittlerweile wurde das Buch weltweit ca. eine Million Mal verkauft.

Jurybegründung zur Nominierung für den Deutschen Jugendliteraturpreis 2001

»Mit großer Spannung wird das Räderwerk des Schicksals entschlüsselt. Kunstvoll verwebt der Erzähler die Geschichten aus längst vergangener Zeit mit der Gegenwart. Die Bilder der Wüste, der bei glühender Sonne Löcher grabenden Jugendlichen und des versteckten Gartens bleiben ebenso im Gedächtnis haften wie die Figuren der schweigsamen Helden, die geduldig ihr Ziel verfolgen.«
www.jugendliteratur.org

ZUR ROMANVERFILMUNG

i.5

Nach dem Drehbuch von Louis Sachar wurde 2002 ein Spielfilm gedreht, der im Herbst 2003 unter dem Titel »Das Geheimnis von Green Lake« in die deutschen Kinos kam. Sachar selbst spielt in einer Nebenrolle mit, als Mr. Collingwood, der bei Sam Zwiebeln kauft (28:10).

Sequenzübersicht zum Film

Die Szenen der historischen Handlung sind jeweils kursiv gedruckt. Die Szenen, in denen der Film stärker vom Buch abweicht, sind unterstrichen.

Filmkritiken und -informationen

- **www.filmz.de/film_2003/das_geheimnis_von_green_lake/**

Websites zum Film

- **imdb.com/title/tt0311289**
- **www.flashfilmworks.com → Gallery → Holes**

Min:Sek	Dargestellte Handlung
00:00	*Blick über Camp Green Lake*
00:03	Vorspann; Einsatz »Dig it« (Lied); Schwenk über die durchlöcherte Wüste: einige Jungen graben, ein Aufseher läuft durchs Bild; Totale: unzählige Löcher im Wüstensand
00:28	Ein Sträfling (Barf Bag) beobachtet eine Klapperschlange, zieht seinen Schuh aus und lässt sich von ihr beißen.
01:30	Weiche Blende zu den Turnschuhen, die vom Himmel und Stanley auf den Kopf fallen; Stanley spricht aus dem Off; Stanley ist nicht übergewichtig.
01:50	Parallele Darstellung: • Stanleys Fahrt im Bus durch die Wüste zum Camp • Stanleys Verhaftung und Ablieferung zu Hause; es sind Mutter, Vater und Großvater zugegen; die Polizisten besehen sich die Wohnung; die Turnschuhrecycling-Maschine ist in Betrieb; der Großvater gibt dem Ururgroßvater die Schuld; das Bild von Elya Yelnats hängt an der Wand; Großvater und Vater singen das Lied.
04:05	Die Gerichtsverhandlung: Stanley wählt Camp Green Lake.
04:45	Busfahrt zum Camp; der Boden ist mit Löchern übersät.
05:05	*Stanleys Halluzination: Sam und Mary Lou*
05:30	Ankunft im Camp; lauter orange gekleidete Jungs; Staub und Hitze
06:00	Stanley wird von Mr. Sir in Empfang genommen, der Sonnenblumenkerne kaut; Stanley soll sich darauf einstellen, die nächsten 18 Monate Durst zu haben.
07:30	Mr. Sir führt ihn durchs Camp und klärt ihn über die gelb gefleckten Eidechsen auf, fliehen sei zwecklos.
08:20	Stanley wird eingekleidet; Mr. Sir gibt ihm die Anweisung, jeden Tag ein Loch zu graben; Stanley fällt beim Umziehen um; Mr. Sir klärt ihn über die Klapperschlangen und die todbringenden Eidechsen auf.
09:25	Dr. Pendanski kommt und begrüßt Stanley.
09:50	Dr. Pendanski zeigt Stanley die Örtlichkeiten.
10:10	Drei Jungs aus Zelt D (Rex, Alan, Theodore) kommen und sprechen Dr. Pendanski an; Dr. Pendanski stellt ihnen Stanley vor.
10:50	Stanley lernt sein Zelt, sein Bett und die anderen drei Jungs kennen; Dr. Pendanski stellt ihm Zero vor, der auf seinem Bett liegt.
11:30	Stanley spricht draußen Deo an und wird von ihm zu Boden gestoßen.
12:05	Abendessen im Camp; Zickzack bittet ihn zu den Jungs von Zelt D an den Tisch; X-Ray nimmt ihm das Brot weg.

Min:Sek	Dargestellte Handlung
12:35	Stanley berichtet, warum er in Camp Green Lake ist; bei der Erwähnung des Namens Clyde Livingston sieht Zero auf; niemand glaubt ihm; Zero fragt nach, ob es ein »X« auf der Sohle hatte; Stanley bejaht.
13:15	Rückblick zur Gerichtsverhandlung; Anhörung des Zeugen Livingston
13:50	Nachts im Zelt D; Stanley erinnert sich an den Familienfluch; sein Vater berichtet, dass der Urgroßvater von Kissin' Kate Barlow ausgeraubt wurde
14:25	Stanleys Vater und Großvater berichten von dem Ereignis; *Kate Barlow und ihre Helfer rauben die Kutsche von Stanleys Urgroßvater aus; er übergibt ihr die Kiste mit seinem Namenszug auf dem Deckel.*
15:10	Früh am Morgen werden die Jungs geweckt; X-Ray nimmt Stanleys Schaufel.
16:00	Die Jungs gehen bei Morgengrauen auf den See hinaus und graben.
16:20	Mr. Sir weist Stanley eine Stelle zum Graben zu; wenn er etwas findet, muss er es den Aufsehern abgeben; dann bekommt er den Rest des Tages frei; Mr. Sir erklärt Stanley die Philosophie des Camps.
16:50	Stanley hat Mühe, zu graben; die anderen schaufeln Erde in sein Loch.
17:40	Stanley erinnert sich an die Erzählungen über den Ururgroßvater Elya Yelnats; *Elya Yelnats verliebt sich in Myra Mencke; Elya geht zu Madame Zeroni und möchte einen Rat; Elya bittet Myras Vater um die Hand seiner Tochter; Igor bietet für Myra ein großes Schwein; Madame Zeroni verkündet Elya die Aufgabe, jeden Tag ein Schwein den Berg hochzutragen und das Lied zu singen; zuletzt solle er Madame Zeroni hochtragen; sie droht ihm den Fluch an.*
20:15	Mr. Sir kommt zur Wasserausgabe; Stanley steht am Ende der Reihe.
20:45	*Myras Vater fragt, ob sie Igor oder Elya zum Mann nehmen möchte; Myra vergleicht die Schweine der beiden; Elya ist enttäuscht und geht.*
22:00	Zero ist als Erster mit seinem Loch fertig.
22:20	*Elya geht an den Hafen und fährt auf einem Schiff nach Amerika; im Traum erinnert er sich an Madame Zeroni und ihren Fluch.*
22:55	Stanley ist mit seinem ersten Loch fertig und schafft es nicht mehr heraus; erschöpft läuft er zum Camp zurück; <u>Mr. Sir begegnet ihm und schießt auf eine gelb gefleckte Eidechse; Stanley hat Todesangst; im Zelt erzählen die anderen Jungs grausame Geschichten; währenddessen schießt Mr. Sir wild weiter</u>.
25:10	Am nächsten Morgen werden alle wieder früh geweckt; aus dem Off wird Stanleys Brief an seine Mutter zitiert; Bilder aus dem Alltag von Stanley; er wirft den Brief in den Briefkasten; Zero schaut aufmerksam vom Hintergrund aus zu.
26:40	Stanley übergibt Dr. Pendanski das Fossil, das er gefunden hat; Dr. Pendanski sagt, dass der Boss nicht an Fossilien interessiert sei; die anderen Jungs von Zelt D kommen.
27:35	Stanley unterhält sich mit Dr. Pendanski; früher war hier ein See.
27:40	*Weiche Blende auf den grünen See vor 110 Jahren; Trout Walker fährt auf seinem Motorboot über den See; Sam, der Zwiebelmann, verkauft seinen Zwiebelsaft an das Ehepaar Collingwood; Kate Barlow kommt aus der Schule und hört mit ihren Schüler:innen Sam zu, wie er über die große Wirkung von Zwiebeln berichtet; Sam erzählt auch, dass die Eidechsen Zwiebeln nicht mögen; Trout Walker grüßt Kate Barlow, die wenig begeistert ist; <u>Kate und Sam tauschen Zwiebeln und Pfirsiche aus</u>.*
29:30	X-Ray kommt zu Stanley ans Loch und fordert ihn auf, alles, was er findet, ihm zu geben; Stanley willigt ein.
30:05	Im Aufenthaltsraum: Stanley wird herumgestoßen; es kommt zur Schlägerei; die Jungs aus Zelt D nennen Stanley nur noch »Caveman«.
31:25	Wasserausgabe auf dem See durch Mr. Sir; Stanley darf sich vor Zero stellen.
31:50	Abendliches Gespräch im Aufenthaltsraum über die Berufswünsche der Jungs; Zero: »I like digging holes.«
33:30	Stanley sitzt auf seinem Bett und liest den Brief seiner Mutter; Zero kommt hinzu und bittet ihn, ihm Lesen beizubringen; Stanley meint, er sei kein guter Lehrer, und geht raus.
35:15	Während die Jungs im Hof Quatsch machen, sitzt Zero still auf seinem Bett.
35:40	Draußen beim Graben: Eine Wolke zeigt sich am Himmel; Stanley findet in seinem Loch die Lippenstifthülse; <u>ein großer Stein markiert das Fundloch</u>; die anderen Jungs kommen hinzu; Stanley zeigt die Lippenstifthülse mit »KB«; er überzeugt X-Ray, die Hülse erst am nächsten Tag den Aufsehern zu zeigen.

Min:Sek	Dargestellte Handlung
37:55	Am nächsten Morgen nach der Wasserausgabe: X-Ray ruft Dr. Pendanski zu sich und zeigt ihm die Lippenstifthülse; Pendanski ruft per Walkie-Talkie im Camp an.
38:40	Die Chefin fährt gemeinsam mit Mr. Sir in ihrem großen Wagen zu den Jungs; Dr. Pendanski übergibt ihr die Hülse; die Chefin gibt X-Ray frei und weist Dr. Pendanski an, den Jungs die Flaschen zu füllen; die Chefin organisiert das Graben um; Dr. Pendanski fährt mit X-Ray zum Camp; die Chefin küsst die Lippenstifthülse.
41:15	Die Jungs graben gemeinsam ein großes Höhlensystem; die Chefin beaufsichtigt sie und gibt laufend Anweisungen; Stanley schaut zum Loch, wo der große Stein liegt.
41:45	Die Jungs kommen vom Graben zurück; sie sprechen über die Kameras und Mikrofone, die überall im Camp verteilt seien, auch in der Dusche; Stanley duscht.
42:30	*Weiche Blende auf den Regen vor Kate Barlows Schulhaus; es regnet herein; Sam wartet vor der Schule und geht zu ihr herein; er verspricht ihr, das Dach zu reparieren; danach auch die Fenster.*
44:35	*Kate Barlow unterrichtet Trout Walker; er lädt sie ein, mit ihm ein Picknick zu machen; sie lehnt ab; Sam ist dabei und hört zu.*
45:40	Mr. Sir und die Chefin laufen durch das Gängesystem; Deo zeigt der Chefin einen alten Schalter eines Herdes o. Ä.; die Chefin reagiert sehr gereizt.
46:30	*Sam und Kate stehen vor dem renovierten Schulhaus; Sam schenkt Kate eine Feder; er fährt mit »Mary Lou« über den See; weiche Blende: abends im Schulhaus; Kate weint und Sam küsst sie; Trout Walker sieht sie von draußen.*
47:50	Die Chefin wird vier Tage nach dem Fund immer genervter; Mr. Sir und Dr. Pendanski kommandieren die Jungs herum.
48:35	*Der Mob setzt unter der Führung von Trout Walker bei Nacht das Schulhaus in Brand; Kate rennt zum Sheriff; er kündigt an, Sam aufzuhängen, und will Kate küssen; sie läuft zu Sam, der über den See flüchtet; Trout Walker verfolgt ihn mit seinem Motorboot und erschießt ihn; Kate verfolgt das Drama vom Ufer aus mit.*
50:15	Weiche Blende auf den ausgetrockneten Green Lake; Mr. Sir verkündet beim Dienstantritt, dass jeder wieder alleine graben soll.
50:40	*Weiche Blende auf das Büro des Sheriffs; Kate erschießt den Sheriff und küsst ihn; sie reitet aus der Stadt hinaus; weiche Blende auf die zerstörte Kutsche von Stanleys Urgroßvater.*
51:30	Wasserausgabe durch Mr. Sir; Magnet stiehlt den Sack mit Sonnenblumenkernen aus dem Wagen; Mr. Sir fährt weg; Magnet prahlt mit seinem Beutefang; Mr. Sir dreht um; Stanley bekommt den Sack zugeworfen; er fällt in sein Loch; Mr. Sir sieht die Reste und Stanley nimmt die Schuld auf sich; Mr. Sir befiehlt Stanley, mitzukommen.
54:05	Mr. Sir und Stanley bei der Chefin; Stanley berichtet ihr, er habe den Sack aus dem Auto entwendet; die Chefin lässt Stanley ihren Kosmetikkoffer holen; dabei sieht Stanley vergilbte Zeitungsausschnitte der Raubzüge von Kissin' Kate Barlow und Fahndungsplakate; die Chefin berichtet Stanley über den Bestandteil ihres Nagellacks; als Mr. Sir ihr kurz widerspricht, schlägt sie ihm ins Gesicht; er windet sich auf dem Boden; Stanley flüchtet.
56:45	Stanley kommt zurück zu den grabenden Jungs; er stellt fest, dass sein Loch fertig gegraben ist; die anderen Jungs sagen, dass es Zero war; Stanley geht zu Zeros Loch; Zero meint, Stanley habe auch die Turnschuhe nicht gestohlen; Stanley verspricht, ihm das Lesen beizubringen.
57:45	Bei der Essensausgabe im Camp: Mr. Sir sieht verunstaltet aus; ein Sträfling fragt ihn, was passiert sei; Mr. Sir wird gewalttätig; Mr. Pendanski erklärt den Jungs, dass Mr. Sir sehr sensibel sei.
58:50	Bei der Wasserausgabe am nächsten Tag: Mr. Sir lässt das Wasser für Stanley auf den Boden laufen.
59:25	Slow Motion: Stanley erinnert sich an die Zeitungsausschnitte in der Hütte der Chefin und an die Inschrift der Lippenstifthülse; Zero gibt ihm von seinem Wasser ab; Stanley berichtet Zero von seiner Vermutung, dass das gefundene Ding eine Lippenstifthülse von Kate Barlow ist.
60:05	*Weiche Blende auf die raubende Kate Barlow; Inserts verschiedener Zeitungsberichte über ihre Raubzüge; ihre Opfer in Särgen haben einen roten Kuss auf der Wange.*
61:00	Stanley und Zero sitzen im Zelt; Stanley erklärt Zero, wie sein Name geschrieben wird; beide treffen eine Abmachung: Graben gegen Lesen-Beibringen; Zero sagt seinen richtigen Namen.
61:58	Stanley und Zero graben in einem Loch; die anderen Jungs provozieren die beiden und schaufeln Erde in ihr Loch.

Min:Sek	Dargestellte Handlung
62:25	Zero lernt einige Wörter schreiben; er erzählt von seiner traurigen Kindheit: seine Mutter hat ihn verlassen; er würde, wenn er Geld hätte, eine Detektei beauftragen, sie zu finden.
63:55	Die anderen Jungs provozieren Stanley und Zero weiter; Dr. Pendanski bringt das Mittagessen; Zickzack provoziert Stanley, er wolle für ihn das Loch graben; es kommt zur Schlägerei; Mr. Pendanski greift ein und fordert Stanley auf, Zickzack eine Lektion zu erteilen; Zickzack prügelt wild auf Stanley ein; Zero kommt zu Hilfe und würgt Zickzack; Dr. Pendanski feuert in die Luft.
65:45	Die Chefin kommt ans Loch und wird über die Abmachung zwischen Stanley und Zero informiert; sie entscheidet, dass jeder sein eigenes Loch graben soll; Dr. Pendanski macht sich über Zero lustig; Zero schlägt Dr. Pendanski mit der Schaufel ins Gesicht und rennt in die offene Wüste hinaus; die Chefin erwartet weiterhin sieben Löcher.
68:20	Die Chefin, Dr. Pendanski und Mr. Sir beschließen, die Akten über Zero zu vernichten; Dr. Pendanski: »No one cares about Hector Zeroni«; Stanley kommt ins Zelt und antwortet: »I do!«
69:25	Abends liegt Stanley im Bett und hört zu, wie die anderen von Zelt D sich über Zeros Flucht unterhalten; er stellt sich vor, wie Zero in der sengenden Wüste umkippt.
70:02	Stanleys Großvater erzählt über seinen Vater, wie er in der Wüste überlebt hat und auf »Gottes Daumen« Hilfe fand; *Stanleys Urgroßvater taucht aus der Kutsche auf und wandert zu »Gottes Daumen«.*
70:20	Stanley sitzt an seinem Loch und schreit verzweifelt nach Zero; der Bus bringt einen neuen Sträfling zum Camp.
70:55	Zapp isst mit den anderen von Zelt D und berichtet von seinen Fähigkeiten als Autoknacker; Stanley sitzt gedankenverloren am Tisch.
71:15	Mr. Sir kommt zum Füllen der Wasserflaschen; in der Schlange gibt es Rangeleien um die Plätze; Stanley läuft mit Zapp um die Schlange herum; Zapp nickt Stanley aufmunternd zu; Stanley steigt ein und fährt los; Mr. Sir rennt hinterher, hält sich an der Tür fest und fällt dann in ein Loch; Stanley jubelt und fährt dann selbst in ein Loch; er steigt unverletzt aus und flüchtet; die anderen Jungs jubeln ihm zu, während er in die Wüste rennt.
73:20	Stanley läuft weiter; er sieht in einem Loch gelb gefleckte Eidechsen.
73:40	Die Aufseher und die Chefin entscheiden, normal weitergraben zu lassen.
74:10	Stanley läuft durch die Wüste; *weiche Blende auf Sam.*
74:25	Stanley findet einen alten Sack mit der Aufschrift »Sonnenblumenkerne« und gleich darauf das Boot »Mary Lou«; Zero liegt erst bewegungslos darunter, dann kriecht er hervor; beide umarmen sich; Zero sagt, er gehe niemals zurück zum Camp; er bietet Stanley »Sploosh« an; beide rutschen unter das Boot und genießen die eingemachten Pfirsiche; Zero und Stanley klären den Namen des Bootes.
77:30	Beide sehen die Felsformation auf dem Berg.
77:50	Stanley und Zero gehen durch die Wüste zum Berg; Stanley erzählt, dass sein Urgroßvater auf »Gottes Daumen« überlebt habe, nachdem er von Kissin' Kate Barlow ausgeraubt worden sei.
78:05	Sie kommen an den Rand des Sees mit den Klippen und klettern die Klippen hoch; Zero bewahrt Stanley mit der Schaufel vor dem Absturz.
79:55	Beide versprechen sich, bis zu »Gottes Daumen« zu klettern.
80:10	Die anderen Jungs von Zelt D gehen zu ihren Löchern und unterhalten sich über die Geflüchteten.
80:30	Stanley und Zero erklimmen den Berg; dabei muss Zero Wörter raten, die Stanley buchstabiert; Zero muss sich erbrechen und rutscht den Felsen hinunter; Stanley rettet ihn.
81:40	Stanley schultert Zero und trägt ihn weiter; *Madame Zeroni spricht ihren Fluch aus.*
82:00	Es wird dunkel; Fliegen umschwirren die beiden; erste Vegetation taucht auf; Wasser plätschert; Stanley entdeckt das Wasser, setzt Zero auf den Boden und spritzt ihm Wasser ins Gesicht; beide tollen ausgelassen in dem kleinen Tümpel und essen eine Zwiebel; Stanley singt leise das Lied.
83:50	*Weiche Blende von Zeros Gesicht auf das von Madame Zeroni*
84:00	Stanleys Vater arbeitet zu Hause; er erfindet einen Sud, der Turnschuhe nicht mehr stinken lässt: Pfirsiche und Zwiebeln; er und seine Frau tanzen ausgelassen.

Min:Sek	Dargestellte Handlung
85:10	Stanley und Zero erholen sich auf »Gottes Daumen«; Zero sagt Stanley, dass er die Turnschuhe geklaut hat; währenddessen Rückblick auf die Versteigerung und Zeros Flucht; Zero wirft die Turnschuhe von der Brücke; sie landen auf Stanleys Kopf; Stanley: »It's destiny«; die Turnschuhe fliegen wieder zurück in die Luft.
87:00	Ein großer Schlitten fährt zum Camp; Ms. Morengo und die Chefin streiten sich; die Anwältin kündigt eine Untersuchung an und braust davon; die Aufseher und die Chefin beratschlagen, was sie machen sollen.
88:30	Stanley und Zero sitzen glücklich unter dem Sternenhimmel; Stanley schlägt Zero vor, ein letztes Loch zu graben.
89:40	Weiche Blende auf das Loch, in dem Stanley die Lippenstifthülse fand
89:50	*Weiche Blende auf Kissin' Kate Barlow; sie lehnt sich an das Boot auf dem ausgetrockneten See; Sam erscheint ihr.*
90:22	*Trout Walker taucht mit Linda Walker auf; er ist bewaffnet; Kate soll sie zur Beute führen; Kate greift nach einer Eidechse und lässt sie zubeißen; Kate stirbt.*
92:10	Stanley und Zero rennen im Schutz der Dämmerung Richtung Camp; Stanley identifiziert das besondere Loch; Zero geht zum Camp, um eine weitere Schaufel zu holen.
92:45	Zero schleicht sich zum Schuppen, wo die Schaufeln sind; Dr. Pendanski und Mr. Sir streiten sich lautstark.
93:15	Zero kommt mit einer Schaufel zurück; Stanley stößt auf den Koffer; beide ziehen den Koffer aus der Erde.
94:15	Die Chefin und Mr. Sir stehen mit Taschenlampen am Loch; auf dem Koffer tauchen zahlreiche Eidechsen auf und laufen auf den Körpern der beiden herum; Dr. Pendanski kommt und verkündet Stanley, dass er unschuldig sei und entlassen werde; die Chefin sagt, dass schon ihr Großvater auf diesen Moment gewartet habe.
95:25	*Die junge Ms. Walker gräbt mit ihrem Großvater auf dem ausgetrockneten See.*
95:55	Der Morgen graut; die Jungs leben noch immer; die Autos von Ms. Morengo und dem Attorney General (A.G.) tauchen auf; Dr. Pendanski wird zum Camp zurückgeschickt und fällt in ein Loch.
96:40	Zero bemerkt, dass der Name auf dem Koffer vorwärts und rückwärts gelesen gleich ist.
97:00	Ms. Morengo und der A.G. kommen zum Loch; die Chefin beschuldigt beide, ihr den Koffer nachts gestohlen zu haben; Stanley klettert aus dem Loch und sagt, dass die Chefin lügt; Zero klettert mit dem Koffer heraus und weist darauf hin, dass der Koffer Stanley gehört; Zero liest Stanleys Namen vor.
98:25	Die Chefin und Ms. Morengo streiten sich, ob diese den Koffer und Zero mitnehmen darf; Stanley möchte nicht ohne Zero gehen; der A.G. verlangt nach Zeros Akte, die es nicht mehr gibt; die anderen Jungen sehen Stanley und Zero und umarmen sie; Deo bittet Stanley, seiner Mutter einen Brief mitzugeben.
100:25	Der A.G. erkennt in Mr. Sir einen gesuchten Kriminellen; er wird verhaftet; der A.G. stellt das Lager unter seine Aufsicht; Ms. Morengo fordert Zero auf, ihnen zu folgen; ein großer Regen setzt ein; alle Jungs tanzen ausgelassen; Stanley und Zero steigen ins Auto von Ms. Morengo ein.
102:25	Die Chefin bittet Stanley, einen Blick in das Innere des Koffers zu werfen; Stanley antwortet ironisch: »Excuse me?«; das Auto fährt in strömendem Regen davon.
103:05	Zu Hause bei den Yelnats wird der Koffer geöffnet; er quillt über vor Edelsteinen; alle sind begeistert; Stanley sagt, dass die Hälfte Zero gehöre.
104:10	Stanley und Zero nehmen dessen Mutter in Empfang; beide fallen sich um den Arm; Stanley und sein Großvater schauen gerührt zu.
105:07	Stanley und Zero wohnen in großen, komfortablen Häusern nebeneinander.
105:20	Off-Bericht: Aus dem Camp wird ein Pfadfinderinnenlager; ein großes Fest mit allen Jungs und Clyde Livingston findet statt; sie sehen den Sploosh-Spot im Fernsehen; als Firmenzeichen taucht »K.B. Industries« auf; alle klatschen begeistert.
106:10	Abspann
112:00	Zero wiederholt den Fluch von Madame Zeroni und lacht in die Kamera.
112:20	Ende

i.b ZU DEN THEMATISCHEN ASPEKTEN DES ROMANS

Zum Thema »boot camps und Jugendstrafvollzug« (in Deutschland und den USA)

Jugendromane

- Uwe Britten: **Ab in den Knast.** Thienemann, 2003 (vergriffen).
- Mirjam Müntefering: **Katta@Frauenknast.de.** dtv junior, 2001.

Internet

- **https://www.tjjd.texas.gov/index.php/juvenile-system#overview (Texas Juvenile Justice Department)**
  Auf diesen Seiten werden die Programme und Einrichtungen im Bereich des Jugendstrafvollzugs im US-Bundesstaat Texas vorgestellt (in deutscher Sprache).
- **www.pbs.org/wgbh/pages/frontline/shows/juvenile (Frontline: Juvenile Justice)**
  Die Seiten stellen anhand von eindrücklichen Fallbeispielen die Fragwürdigkeit vieler Ansätze im amerikanischen Jugendstrafvollzug, die in der Regel soziale Hintergründe ausblenden, zur Diskussion (in deutscher Sprache).

Zum Thema »Diktatur«

Literatur

- Claus-Peter Hutter: **Demokratie.** Sachbuch aus der Reihe »Was ist Was«, Band 103. Nürnberg: Tessloff Verlag, 2010.

Zum Thema »Flora und Fauna in Texas«

Literatur

- Paul Bennett: **Die Wüste.** Sachbuch aus der Reihe »Wissen der Welt«. München: arsEdition, 2000.
- Harald Lange: **Wüsten.** Sachbuch aus der Reihe »Was ist Was«, Band 34. Nürnberg: Tessloff Verlag, 1995.

Internet

- **www.desertusa.com/index.html**
  Informationen über Wüstengebiete in den USA (in deutscher Sprache).
- **kindernetz.de/wissen/tierlexikon/steckbrief-krustenechse-100.html**
  Infos über die giftige Gila-Krustenechse.

Zum Thema »amerikanische Kultur«

Internet

- **www.americanet.de**
  Umfassende Datenbank mit Informationen und Bildern rund um Land und Leute, Gesellschaft und Kultur sowie weiterführenden Links.

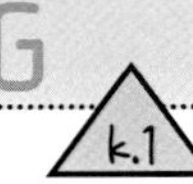

Lesezeichen und Zeilometer

Louis Sachar

LÖCHER

Die Geheimnisse von Green Lake

Kurzfassung in Einfacher Sprache

Einfache Sprache

GULLIV

Dieses Lesezeichen hilft dir, einzelne Textstellen zu finden oder dich mit deinen Mitschülerinnen/Mitschülern über bestimmte Textstellen zu unterhalten: Lege dazu einfach das Zeilometer an den oberen Buchrand. Die Zahlen sind dann die jeweiligen Zeilen. Natürlich kannst du dein Zeilometer auch individuell gestalten.

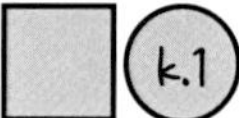

Lesezeichen und Zeilometer

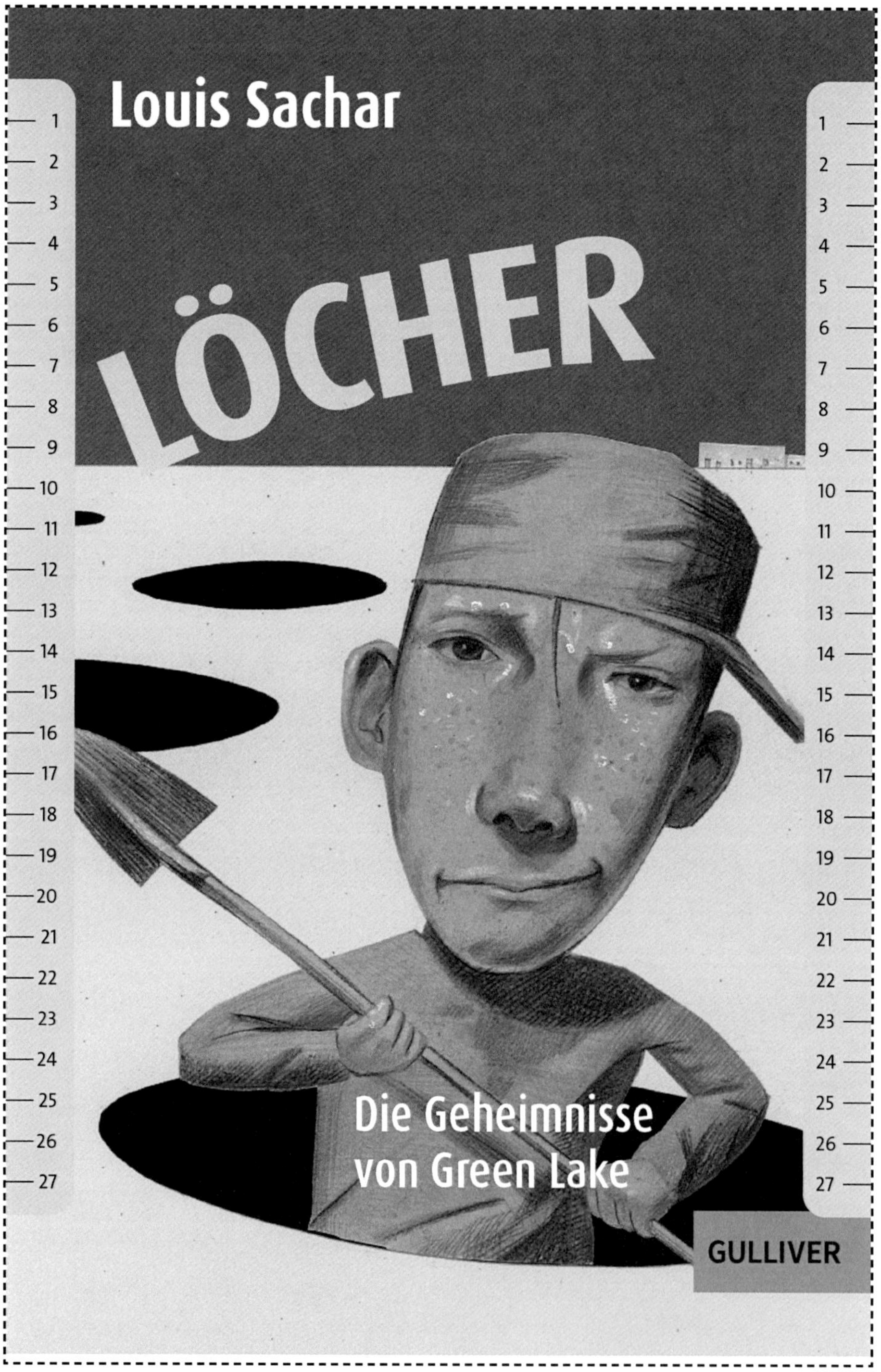

Louis Sachar

LÖCHER

Die Geheimnisse von Green Lake

GULLIVER

Dieses Lesezeichen mit Zeilometer hilft dir, wenn du eine Textstelle genau angeben möchtest. Du legst das Zeilometer oben an die Buchseite. So kannst du ablesen, in welcher Zeile etwas steht.

ACHTUNG: Manchmal beginnt der Text z. B. erst ab Z. 10. Dann nicht das Zeilometer verschieben. Es wird immer oben angelegt.

Natürlich kannst du dein Zeilometer auch individuell gestalten.

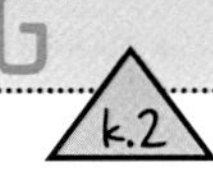

Zu Hause hatte er keine Freunde

In den Kapiteln 3 und 6 findest du Textstellen, die Stanley Yelnats' schulische Situation beleuchten …

1. Beschreibe die Figur auf dem Cover. Fülle dazu die Mindmap mit Stichpunkten. Wenn du zu wenig Platz hast, kannst du sie auch ins Heft übertragen.

Figur auf dem Cover
- Geschlecht: männlich
- Alter
- Körper
- Besonderheiten
- Kopf
- Kleidung
- Gesicht

2. Ergänze folgende Sätze. Die ersten Buchstaben sind schon da. Im Kasten findest du die fehlenden Wörter.

Zu Hause hatte Stanley keine F__________________.

Er war ü__________________.

Die Kinder in seiner Schule machten sich oft darüber l__________________.

Sogar seine Lehrer machten g__________________ Bemerkungen.

de – Freun | grau – me – sa | tig – lus | ber – ge – tig – ü – wich

3. Stelle dir vor: Du bist Reporterin oder Reporter der Jugendzeitschrift »For U«. Ihr plant eine Serie über »Mobbing in der Schule«. Dafür wollt ihr jugendliche Mobbing-Opfer interviewen. Formuliere drei Fragen an Stanley.

Beispiel: Stanley, gefällt es dir in der Schule?

4. Schreibe einen Leserbrief an »For U«. Gib darin Tipps: Wie könnte Stanley auf das Mobbing reagieren?

Methode

In einem **Leserbrief** sagst du deine Meinung zu einem Artikel in der Zeitung. Beginne mit einer Anrede. Erkläre dann, warum du schreibst. Erläutere danach deine Meinung. Ergänze schließlich eine Grußformel und eine Unterschrift. Du kannst folgende Tipps geben: Mobbing ansprechen • auf Mobbing mit Witz antworten • Mobbing-Situationen verlassen • sich über Mobbing beschweren.

Zu Hause hatte er keine Freunde

1. Beschreibe die Figur auf dem Cover anhand der Fragen. Schreibe in dein Heft.

Wo ist sie?	Was macht sie?	Wie sieht sie aus?

2. Ergänze den folgenden Text. Im Kasten findest du die fehlenden Wörter.

Zu Hause hatte Stanley Yelnats keine ________________. Er war ____________________ und die anderen Kinder in seiner Schule machten sich oft darüber ________________. Sogar seine Lehrer machten manchmal irgendwelche ________________ Bemerkungen, ohne es zu merken. An seinem letzten Schultag hatte die Mathelehrerin Mrs. Bell mit ihnen Verhältnisrechnen gemacht. Um ihnen das an einem Beispiel vorzuführen, ließ sie das ________________ und das ________________ Kind der Klasse nach vorne kommen zum Wiegen. Stanley wog ________________ so viel wie der andere Junge. Mrs. Bell schrieb das Verhältnis der beiden Gewichte – 3 : 1 – an die Tafel, ohne zu spüren, wie ________________ die Situation war.

dreimal – Freunde – grausamen – leichteste – lustig – peinlich – schwerste – übergewichtig

3. Stelle dir vor: Du bist Reporterin oder Reporter der Jugendzeitschrift »For U«. Ihr plant eine Serie über »Mobbing in der Schule«. Dafür wollt ihr jugendliche Mobbing-Opfer interviewen. Formuliere fünf Fragen an Stanley. Schreibe sie in dein Heft.

Beispiel: *Stanley, gefällt es dir in der Schule?*

4. Entwirf einen Leserbrief zum Interview mit Stanley. Gib darin Tipps, wie er auf das Mobbing reagieren könnte.

Methode

Mit einem **Leserbrief** drückst du deine Meinung zu einem Artikel oder Interview in der Zeitung aus. Beginne zunächst mit einer Anrede. Erkläre dann, worauf du dich beziehst und warum du schreibst. Erläutere danach deine Meinung mit Begründungen und Beispielen. Ergänze schließlich Grußformel und Unterschrift.

Du kannst folgende Tipps geben: Mobbing ansprechen • auf Mobbing mit Witz antworten • Mobbing-Situationen verlassen • sich über Mobbing beschweren.

Zu Hause hatte er keine Freunde

1. Beschreibe das Cover in deinem Heft. Gehe dabei auf die einzelnen Aspekte im Kasten ein.

Aspekte: Schauplatz • Figur • Gegenstände • Farben • Jeweilige Position der Dinge • Bezug der Dinge zueinander • Art des Bildes • Zusammenspiel von Bild und Text

2. Schreibe den folgenden Text in dein Heft oder Lesetagebuch. Ergänze dabei die fehlenden Wörter aus den Silben im Kasten. Inwiefern unterscheidet sich die Beschreibung von Stanley Yelnats von der Darstellung auf dem Cover?

Zu Hause hatte Stanley Yelnats keine ______. Er war ______ und die anderen Kinder in seiner Schule machten sich oft darüber ______. Sogar seine Lehrer machten manchmal irgendwelche ______ Bemerkungen, ohne es zu merken. An seinem letzten Schultag hatte die Mathelehrerin Mrs. Bell mit ihnen Verhältnisrechnen gemacht. Um ihnen das an einem Beispiel vorzuführen, ließ sie das ______ und das ______ Kind der Klasse nach vorne kommen zum Wiegen. Stanley wog ______ so viel wie der andere Junge. Mrs. Bell schrieb das Verhältnis der beiden Gewichte – 3 : 1 – an die Tafel, ohne zu spüren, wie ______ die Situation für beide Jungen war.

ber – de – drei – Freun – ge – grau – leich – lich – lus – mal – men – pein – sa – schwers – te – te – tes – tig – tig – ü – wich

3. Stelle dir vor, du wärst Reporterin oder Reporter der Jugendzeitschrift »For U«. Ihr plant eine Serie über »Mobbing in der Schule« und dabei sollen jugendliche Mobbing-Opfer interviewt werden. Formuliere fünf Fragen in deinem Heft, die du Stanley stellen würdest. Notiere auch seine möglichen Antworten.

Beispiel: Frage 1: Stanley, gefällt es dir in der Schule?

Spiele das Interview mit einer Partnerin oder einem Partner vor der Klasse vor.

4. Entwirf einen Leserbrief zu Stanleys Interview, in dem du ihm Tipps gibst, wie er auf das Mobbing reagieren könnte.

Methode

Mit einem **Leserbrief** drückst du deine Meinung zu einem Artikel oder Interview in der Zeitung aus. Beginne zunächst mit einer Anrede. Erkläre dann, worauf du dich beziehst und warum du schreibst. Erläutere danach deine Meinung mit Begründungen und Beispielen. Ergänze schließlich Grußformel und Unterschrift.

Du kannst folgende Tipps geben: Mobbing ansprechen • auf Mobbing mit Witz antworten • Mobbing-Situationen verlassen • sich über Mobbing beschweren.

Aber er war trotzdem stolz

In Kapitel 7 findest du Textstellen, die Stanleys anstrengende Arbeit in der Wüste beschreiben …

1. Lies folgende Textstelle laut vor:
»Sie frühstückten …« (S. 24, Z. 4) bis » … warf sie zur Seite« (S. 25, Z. 6/7)

2. Kreuze an: Sind folgende Aussagen richtig oder falsch? In Klammern findest du die Seitenzahlen zum Nachlesen.

Zitat	richtig	falsch
Sie frühstückten, füllten ihre Trinkflaschen und holten ihre Eimer aus einem Schuppen. (S. 24)		
Dann sah Stanley einen Spalt im Boden. Er stellte die Schaufel direkt auf den Spalt. Er sprang mit beiden Füßen auf das Schaufelblatt. (S. 25)		
Auf dem Pick-up war ein Wassertank. Aus dem Wassertank füllte Mr. Pendanski die Trinkflaschen auf. (S. 28)		
Je tiefer er kam, desto schwerer wurde es, die Schaufel nach oben zu heben und aus dem Loch zu werfen. (S. 32)		
Endlich war Stanleys Loch so tief wie seine Schaufel und sie konnte in jeder Richtung im Loch liegen. (S. 33)		

3. Zeichne 6 Kästchen in dein Heft. Übertrage den Text in das erste Kästchen. Zeichne dann zu den fünf Zitaten aus Aufgabe 2 passende Bilder in jeweils ein Kästchen. Du erhältst einen Comic zu Stanleys erstem Arbeitstag.

Stanleys erster Arbeitstag		

Methode

Mit einem **Comic** kannst du eine Handlung in Bildern zusammenfassen. Entscheide zunächst: Willst du allein, zu zweit oder in einer Gruppe arbeiten? Zeichne dann die Bilder in die Kästchen. Ergänze schließlich noch Sprechblasen. Mit einem Galerie-Rundgang kannst du dir am Ende alle Ergebnisse anschauen. Betrachte zunächst die Ergebnisse allein. Besprecht sie dann gemeinsam. Bewerte sie schließlich zum Beispiel mit Klebepunkten.

4. Entwirf einen Brief von Stanley an seine Eltern. Darin sagt er ihnen die Wahrheit über das Camp. Außerdem sollen sie ihn abholen.

Liebe Mom, heute war mein erster Tag hier im Camp …

Aber er war trotzdem stolz

In Kapitel 7 findest du Textstellen, die Stanleys anstrengende Arbeit in der Wüste beschreiben …

1. Lest folgende Textstelle mit verteilten Rollen vor.

»Zum Frühstück hatte …« (S. 36, Z. 27) bis » … warf sie zur Seite« (S. 38, Z. 19)

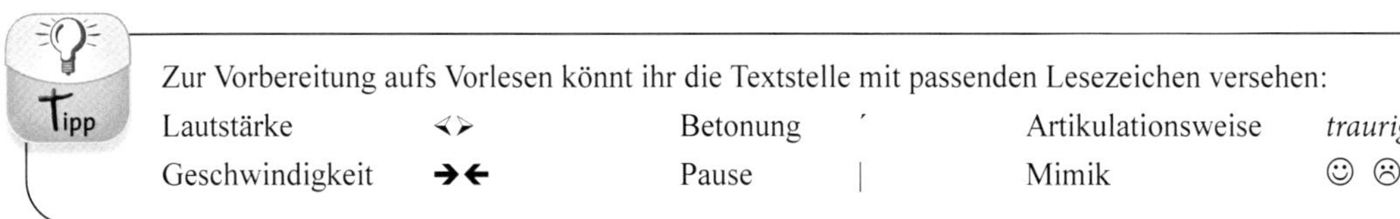

Tipp

Zur Vorbereitung aufs Vorlesen könnt ihr die Textstelle mit passenden Lesezeichen versehen:

Lautstärke	⋖⋗	Betonung	´	Artikulationsweise	*traurig*
Geschwindigkeit	➔➔	Pause	|	Mimik	☺ ☹

2. Verbinde folgende Satzhälften über Stanleys ersten Arbeitstag. In Klammern findest du die Seitenzahlen zum Nachlesen.

	Erste Satzhälfte	Zweite Satzhälfte	
1	Dann hatten sie ihre Trinkflaschen gefüllt, ihre Schaufeln (S. 37)	Als er hinauskletterte, sah er Mr. Pendanski auf sich zukommen.	A
2	Er sah einen Spalt im Boden. Er platzierte die Schaufel direkt darüber (S. 38)	aß. […] »Na, wie läuft's?«, fragte Magnet. »Nicht besonders«, antwortete Stanley.	B
3	Mit der Schaufel schlug er zwei Trittstellen in die Seitenwand. (S. 54 f.)	Das Beste war noch der Orangensaft.	C
4	Mr. Sir füllte jedem die Trinkflasche aus (S. 44)	einem Wassertank auf der Ladefläche des Pick-ups.	D
5	Stanley lehnte sich mit dem Rücken an einen Erdhaufen und (S. 48)	geholt und waren auf den See hinausmarschiert.	E
6	Widerstrebend stieg er aus seinem Loch und stieß seine (S. 46)	Schaufel wieder einmal in die bereits ausgegrabene Erde.	F
7	Zum Frühstück hatte es lauwarmen Getreidebrei gegeben. (S. 36 f.)	und sprang dann mit beiden Füßen auf die Oberkante des Schaufelblatts.	G

3. Übertrage die Zitate aus Aufgabe 2 in einen Comic zu Stanleys erstem Arbeitstag.

Methode

Mit einem **Comic** kannst du eine Handlung in Bildern zusammenfassen. Entscheide zunächst, ob du allein, zu zweit oder in der Gruppe arbeiten willst. Überlege dir dann, wie viele Bilder du brauchst. Zeichne sie danach einzeln auf DIN-A5- oder DIN-A6-Papier. Klebe die Bilder schließlich auf ein Plakat oder mache daraus ein kleines Heft. Dein Comic wird abwechslungsreicher mit Sprechblasen. Und mit einem Galerie-Rundgang kannst du am Ende einen Überblick über Arbeitsergebnisse bekommen. Betrachte zunächst die Ergebnisse allein, besprecht sie dann gemeinsam und bewerte sie schließlich zum Beispiel mit Klebepunkten.

4. Entwirf einen Brief, in dem Stanley seine Eltern über das Camp aufklärt. Außerdem bittet er sie, ihn dort herauszuholen.

Liebe Mom, heute war mein erster Tag hier im Camp …

Aber er war trotzdem stolz

In Kapitel 7 findest du Textstellen, die Stanleys anstrengende Arbeit in der Wüste beschreiben …

1. Lest folgende Textstelle mit verteilten Rollen vor und findet heraus, welchen Vorteil Stanley plötzlich hat.

»Zum Frühstück hatte …« (S. 36, Z. 27) bis » … warf sie zur Seite« (S. 38, Z. 19)

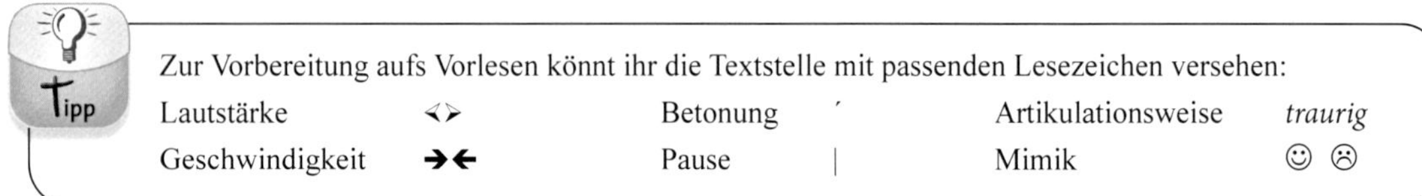

Tipp Zur Vorbereitung aufs Vorlesen könnt ihr die Textstelle mit passenden Lesezeichen versehen:

Lautstärke	< >	Betonung	´	Artikulationsweise	*traurig*
Geschwindigkeit	→←	Pause	|	Mimik	☺ ☹

2. Nummeriere folgende Zitate in der richtigen Reihenfolge und ergänze die richtigen Seiten- und Zeilenzahlen.

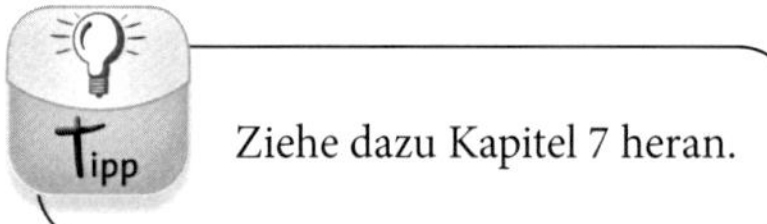

Tipp Ziehe dazu Kapitel 7 heran.

Nr.	Zitat	Seite	Zeile
	Dann hatten sie ihre Trinkflaschen gefüllt, ihre Schaufeln geholt und waren auf den See hinausmarschiert.		
	Er sah einen Spalt im Boden. Er platzierte die Schaufel direkt darüber und sprang dann mit beiden Füßen auf die Oberkante des Schaufelblatts.		
	Mit der Schaufel schlug er zwei Trittstellen in die Seitenwand. Als er hinauskletterte, sah er Mr. Pendanski auf sich zukommen.		
	Mr. Sir füllte jedem die Trinkflasche aus einem Wassertank auf der Ladefläche des Pick-ups.		
	Stanley lehnte sich mit dem Rücken an einen Erdhaufen und aß. […] »Na, wie läuft's?«, fragte Magnet. »Nicht besonders«, antwortete Stanley.		
	Widerstrebend stieg er aus seinem Loch und stieß seine Schaufel wieder einmal in die bereits ausgegrabene Erde.		
1	Zum Frühstück hatte es lauwarmen Getreidebrei gegeben. Das Beste war noch der Orangensaft.		

3. Entwirf einen Comic zu Stanleys erstem Arbeitstag.

Methode Mit einem **Comic** kannst du einen Handlungsverlauf visualisieren. Entscheide zunächst, ob du allein, zu zweit oder in der Gruppe arbeiten willst. Überlege dir dann, wie viele Bilder du brauchst, und zeichne sie einzeln auf DIN-A5- oder DIN-A6-Papier. Klebe die Bilder schließlich auf ein Plakat oder mache daraus ein kleines Heft. Dein Comic wird abwechslungsreicher, wenn du Sprechblasen verwendest und die Einstellungsgröße bzw. Perspektive veränderst (Detailaufnahme, Nahaufnahme, Weitaufnahme bzw. Untersicht, Normalsicht, Aufsicht). Mit einem Galerie-Rundgang kannst du am Ende einen Überblick über die Arbeitsergebnisse gewinnen. Betrachte zunächst die Ergebnisse allein, besprecht sie dann gemeinsam und bewerte sie schließlich zum Beispiel mit Klebepunkten.

4. Entwirf einen Brief, in dem Stanley seine Eltern über Camp Green Lake aufklärt und sie bittet, ihn dort herauszuholen.

»Ein Herz voller Liebe«

In Kapitel 7 findest du auch Textstellen, die von Stanleys Urgroßvater Elya Yelnats erzählen …

1. Lies noch einmal Kapitel 7. Markiere alle Textabschnitte zu Stanleys Ururgroßvater am Rand mit einer Farbe.

2. Ergänze folgenden Lückentext. In Klammern findest du die Seitenzahlen zum Nachlesen.

Stanleys Ururgroßvater heißt _______________ _______________ (S. 25). Er wurde in _______________ (S. 25) geboren. Dort verliebt er sich in _______________ _______________ (S. 25). Er verliert das Rennen aber gegen _______________ _______________ (S. 25). Also wandert er nach _______________ (S. 30) aus. Dort lernt er _______________ (S. 32). Außerdem verliebt er sich in _______________ _______________ (S. 32). Sie bekommen einen Sohn und nennen ihn _______________ (S. 33).

3. Verbinde folgende Satzteile mit der richtigen Person.

	Person		Satzteil	
1	Elya	●	bietet ein Herz voller Liebe.	A
			bietet sein fettestes Schwein.	B
			hat eine rote Nase.	C
2	Igor	●	holt sich Rat bei Madame Zeroni.	D
			ist 15 Jahre alt.	E
			ist 57 Jahre alt.	F
3	Myra	●	ist hohl wie eine Blumenvase.	G
			ist in zwei Monaten 15 Jahre alt.	H
			kann sich nicht entscheiden.	I

4. Stelle dir vor: Du bist Myra. Sammle Argumente für und gegen Elya und Igor. Für wen würdest du dich entscheiden? Übertrage die Tabelle in dein Heft und ergänze sie.

Für Elya spricht	Für Igor spricht
sein Herz voller Liebe	
Gegen Elya spricht	**Gegen Igor spricht**

Ich entscheide mich für: _______________

In Kapitel 7 findest du auch Textstellen, die von Stanleys Ururgroßvater Elya Yelnats erzählen …

»Ein Herz voller Liebe«

1. Lies noch einmal Kapitel 7. Markiere alle Textabschnitte zu Stanley am Rand mit einer Farbe und alle Textabschnitte zu Stanleys Ururgroßvater am Rand mit einer anderen Farbe.

2. Ergänze Elyas Steckbrief.

Ziehe dazu folgende Textstellen heran: S. 39, S. 50, S. 52, S. 53.

Steckbrief

Vorname:	Nachname:
Geburtsland:	Sprachen:
das erste Mal verliebt in:	ausgestochen von:
ausgewandert nach:	das zweite Mal verliebt in:
Name des Sohns:	Grund für den Namen:

3. Beantworte folgende Fragen in deinem Heft:

a) Warum verliebt sich Elya in Myra?

b) Warum kann er sie noch nicht heiraten?

c) Was rät ihm Madame Zeroni?

d) Wie endet Elyas Werben um Myra?

4. Stelle dir vor: Du bist Myra und musst dich zwischen Elya und Igor entscheiden. Entwirf einen passenden Tagebucheintrag.

Liebes Tagebuch,
heute hat mich mein Vater zu sich kommen lassen. Er hat mir gesagt, dass Elya und Igor da waren. Sie haben jeder ein Schwein geboten, wenn sie mich zur Frau bekommen. Jetzt will mein Vater, dass ich das entscheide …

Mit einem **Tagebucheintrag** kannst du Gedanken und Gefühle einer Figur aus ihrer Perspektive wiedergeben. Benutze dazu die Ich-Form und das Perfekt für vergangene Ereignisse und das Präsens für gegenwärtige Ereignisse.

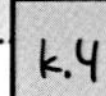

»Ein Herz voller Liebe«

In Kapitel 7 findest du auch Textstellen, die von Stanleys Urgroßvater Elya Yelnats erzählen …

1. Lies noch einmal Kapitel 7. Gliedere die Geschichte von Stanleys Urgroßvater in sinnvolle Textabschnitte und schreibe zu jedem Abschnitt eine passende Überschrift an den Rand.

Beachte, dass zum Beispiel der erste Textabschnitt von Seite 39 bis 43 aus mehreren Absätzen besteht.

2. Unterstreiche alle Informationen zu Elya und erstelle einen Steckbrief.

Steckbrief

Vorname:	Nachname:
Geburtsland:	Sprachen:
das erste Mal verliebt in:	ausgestochen von:
ausgewandert nach:	das zweite Mal verliebt in:
Name des Sohns:	Grund für den Namen:

3. Fasse die Geschichte von Elya und Myra in einer Inhaltsangabe zusammen.

Du kannst folgende Aspekte ansprechen: Elya holt sich einen Rat • Elya kann Myra noch nicht heiraten • Elya verliebt sich • Elya wandert nach Amerika aus • Myra kann sich nicht entscheiden

4. Stelle dir vor, du wärst Myra und müsstest zwischen Elya und Igor entscheiden. Entwirf einen inneren Monolog in deinem Heft, in dem du beide Seiten abwägst.

Oje, wen möchte ich heiraten?
Mein Vater will, dass ich das entscheide.
Ich weiß ja auch nicht …

Mit einem **inneren Monolog** kannst du Gedanken und Gefühle einer Figur aus ihrer Perspektive wiedergeben. Benutze dazu die Ich-Form, das Präsens und eine möglichst authentische Sprache – als würdest du dein Denken aufnehmen.

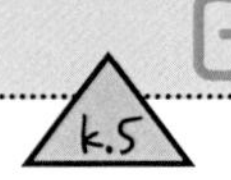

»Dann dürfen Sie das Loch graben«

1. Gib den Namen der passenden Figur an. In Klammern findest du die Seitenzahlen zum Nachlesen.

»Ich glaube, ich habe was gefunden!« (S. 46)	→ Figur: ____________
»Ich glaube, das wird dem Boss gefallen.« (S. 46)	→ Figur: ____________
»War das hier, wo du es gefunden hast?« (S. 46)	→ Figur: ____________
»Ich habe noch eine ganze Menge.« (S. 47)	→ Figur: ____________

Boss | Mr. Pendanski | Stanley | X-Ray

2. Wähle eine Farbe für jede Figur. Lies noch einmal Kapitel 14. Markiere alles Gesagte in der richtigen Farbe.

3. Übertrage folgende Tabelle in dein Heft. Ergänze die Namen und was die Figur sagt.

Wer spricht?	Was sagt die Figur?
X-Ray	Mr. Pendanski! Warten Sie! Ich glaube, ich habe was gefunden!
Mr. Pendanski	…
…	…

4. Verteilt die Rollen aus der Tabelle. Führt ein Rollenspiel in der Klasse durch.

Methode

Mit einem **Rollenspiel** kannst du einen Text zum Leben erwecken. Du bist dran? Dann sprich frei, betont und ausdrucksstark. Du bist gerade nicht dran? Dann nutze trotzdem Mimik, Gestik und Körpersprache. So sieht das Publikum immer deine Gedanken und Gefühle. Vor dem Rollenspiel könnt ihr noch ein Bühnenbild malen, zum Beispiel an die Tafel.

»Dann dürfen Sie das Loch graben«

1. Gib den Namen der richtigen Figur an.

Tipp: Ziehe dazu folgende Textstellen heran: S. 85, S. 86 (2x), S. 87, S. 88.

_______________ brüllte: »Ich glaube, ich hab was gefunden!«

_______________ sagte: »Ich glaube, das wird dem Boss gefallen.«

_______________ fragte: »Bekommt X-Ray jetzt einen Tag frei?«

_______________ fragte: »War das hier, wo du es gefunden hast?«

_______________ sagte: »Ich hab noch ’ne ganze Menge.«

2. Wähle eine Farbe für jede Figur. Lies noch einmal Kapitel 14 und markiere alles Gesagte in der passenden Farbe.

3. Bereite ein Rollenspiel vor. Übertrage dazu folgende Tabelle in dein Heft. Ergänze die Namen und das Gesagte und füge Regieanweisungen ein, wie die Figuren sprechen sollen.

Figur	Regieanweisung	Gesagtes
X-Ray	(laut)	Mr. Pendanski! Halt, Mr. Pendanski! Warten Sie! Ich glaube, ich hab was gefunden!
Mr. Pendanski	(nachdenklich)	…
Torpedo	…	…
…	…	…

4. Verteilt die Rollen, studiert das Gesagte ein und führt ein Rollenspiel in der Klasse durch.

Methode: Mit einem **Rollenspiel** kannst du einen Text zum Leben erwecken. Sprich frei, betont und ausdrucksstark, wenn du gerade dran bist. Nutze Mimik, Gestik und Körpersprache, auch wenn du gerade nicht dran bist, damit deine Gedanken und Gefühle durchgängig zum Ausdruck kommen. Vor dem Rollenspiel könnt ihr ein passendes Bühnenbild zum Beispiel an die Tafel malen.

»Dann dürfen Sie das Loch graben«

In Kapitel 14 findest du Textstellen, in denen zum ersten Mal der Boss auftaucht …

1. Gib den Namen der jeweiligen Figur an.

__________ brüllte: »Ich glaube, ich hab was gefunden!«

__________ sagte: »Ich glaube, das wird dem Boss gefallen.«

__________ fragte: »Bekommt X-Ray jetzt einen Tag frei?«

__________ fragte: »War das hier, wo du es gefunden hast?«

__________ sagte: »Ich hab noch 'ne ganze Menge.«

Tipp: Ziehe dazu Kapitel 14 heran. Du kannst auch erläutern, was du Überraschendes über den Boss erfährst. Lies dazu dann auch das Interview mit der Übersetzerin (→ **i.2**).

2. Wähle eine Farbe für jede Figur. Lies noch einmal Kapitel 14 und markiere jede direkte Rede in der jeweiligen Farbe.

3. Übertrage das Kapitel in einen Dramentext.

Methode: Mit einem **Dramentext** bereitest du die Inszenierung einer Szene auf der Bühne vor. Überlege dir eine Szenenüberschrift und beschreibe kurz das Setting. Beginne mit X-Rays Ausruf »Mr. Pendanski!« Ergänze knappe Regieanweisungen zur Sprech- oder Handlungsweise kursiv und in Klammern hinter dem Namen der betreffenden Figur.

Szene: ______________________________

Setting: ______________________________

____

X-Ray *(laut)*: Mr. Pendanski! Halt, Mr. Pendanski! Warten Sie! Ich glaube, ich hab was gefunden!

Mr. Pendanski *(nachdenklich)*: ...

4. Verteilt die Rollen, studiert den Dramentext ein und führt ein Rollenspiel in der Klasse durch.

Methode: Mit einem **Rollenspiel** kannst du einen Text zum Leben erwecken. Sprich frei, betont und ausdrucksstark, wenn du gerade dran bist. Nutze Mimik, Gestik und Körpersprache, auch wenn du gerade nicht dran bist, damit deine Gedanken und Gefühle zum Ausdruck kommen. Vor dem Rollenspiel könnt ihr ein passendes Bühnenbild zum Beispiel an die Tafel malen.

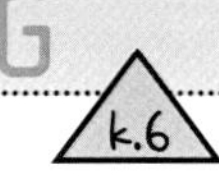

»Sterben wird er nicht daran«

In Kapitel 20 findest du Textstellen, die Stanley im Büro der Chefin zeigen …

1. Schneide folgende Streifen aus. Lege sie in die richtige Reihenfolge. Die Buchstaben ergeben ein Lösungswort.

Die Chefin lackiert sich die Nägel mit Schlangengift.	A
Die Chefin lässt Stanley gehen.	E
Die Chefin schlägt Mr. Sir ins Gesicht.	N
Mr. Sir hat schlimme Schmerzen.	G
Mr. Sir unterstellt Stanley zu lügen.	H
Stanley erzählt der Chefin von den Sonnenblumenkernen.	C
Stanley geht zur Hütte der Chefin.	S
Stanley muss der Chefin den Kosmetikkoffer holen.	L

2. Erkläre, warum die Chefin Mr. Sir ins Gesicht schlägt.

Die Chefin wandte sich nun zu Mr. Sir.
»Sie glauben, dass er die Sonnenblumenkerne geklaut hat?«
»Er sagt, er hat sie geklaut. Aber ich glaube, dass es …«
Sie schlug Mr. Sir ins Gesicht. Drei lange rote Kratzer liefen über seine linke Gesichtshälfte.
(S. 62)

3. Ergänze folgenden Satz mit deiner Meinung.

Der Autor Louis Sachar hat dieses Kapitel sehr spannend geschrieben. Besonders spannend finde ich … ______________________

____

4. Gestalte ein Poster zum Thema Klapperschlange.
Finde Texte und Bilder zu folgenden Punkten:

- Aussehen
- Fähigkeiten
- Lebensraum
- Gift

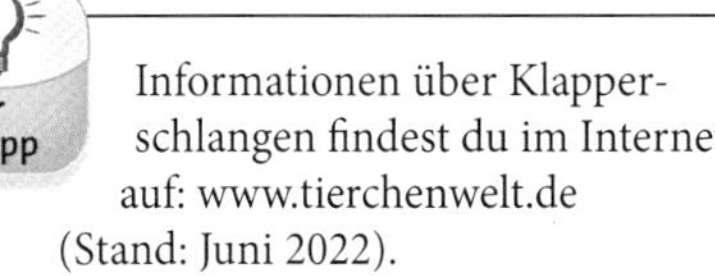

Tipp: Informationen über Klapperschlangen findest du im Internet auf: www.tierchenwelt.de (Stand: Juni 2022).

»Sterben wird er nicht daran«

In Kapitel 20 findest du Textstellen, die Stanley im Büro der Chefin zeigen …

1. Schneide folgende Kärtchen aus, lege sie in die richtige Reihenfolge und fasse das Kapitel 20 danach in eigenen Worten zusammen.

Die Chefin entlässt Stanley und kündigt an, dass sich Mr. Sir sicher an Stanley rächen wird.
Die Chefin erklärt Stanley die Herkunft ihres Nagellacks: Klapperschlangengift.
Die Chefin schlägt Mr. Sir ins Gesicht.
Mr. Sir hat entsetzliche Schmerzen und windet sich in Todesqualen auf dem Boden.
Mr. Sir meint zur Chefin, dass Stanley nicht die Wahrheit sagt.
Sie berührt Stanley mit einem Fingernagel und er verspürt einen stechenden Schmerz.
Stanley hat große Angst und erzählt der Chefin, was er getan hat.
Stanley muss der Chefin ihren Kosmetikkoffer holen.
Stanley tut es gut, im Schatten der zwei Eichen zur Hütte zu gehen.
Stanley wundert sich, dass es in der Nähe der Hütte so viele Löcher gibt.

2. Erkläre, warum die Chefin Mr. Sir ins Gesicht schlägt.

Ziehe dazu folgende Textstelle heran: S. 116 f.

3. Vervollständige folgenden Text.

Der Autor Louis Sachar hat dieses Kapitel sehr spannend geschrieben. Besonders spannend finde ich … ,

4. Gestalte ein Poster zum Thema Klapperschlange und präsentiere es vor der Klasse.

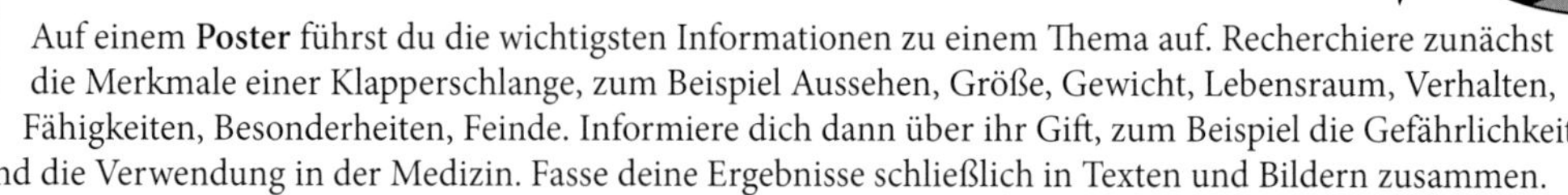

Methode

Auf einem **Poster** führst du die wichtigsten Informationen zu einem Thema auf. Recherchiere zunächst die Merkmale einer Klapperschlange, zum Beispiel Aussehen, Größe, Gewicht, Lebensraum, Verhalten, Fähigkeiten, Besonderheiten, Feinde. Informiere dich dann über ihr Gift, zum Beispiel die Gefährlichkeit und die Verwendung in der Medizin. Fasse deine Ergebnisse schließlich in Texten und Bildern zusammen.

»Sterben wird er nicht daran«

1. Wiederhole mithilfe folgender Stichworte, was in Kapitel 20 passiert.

Tipp: Stelle zunächst die richtige Reihenfolge fest.

Chefin berührt Stanley am Ohr ☐ | Chefin erklärt Stanley den Nagellack ☐

Chefin lässt Stanley gehen ☐ | Stanley wundert sich über die Löcher bei der Hütte ☐

Mr. Sir hat schlimme Schmerzen ☐ | Mr. Sir verpetzt Stanley ☐

Stanley erzählt der Chefin alles ☐ | Stanley geht zur Hütte [1]

Stanley holt den Kosmetikkoffer der Chefin ☐ | Chefin schlägt Mr. Sir ins Gesicht ☐

2. Erkläre, warum die Chefin Mr. Sir und nicht Stanley ins Gesicht schlägt.

____

____

3. Vervollständige folgenden Text und verweise dabei mit Seitenzahlen auf passende Textstellen.

Der Autor Louis Sachar hat sich in diesem Kapitel sehr bemüht, spannend zu schreiben.

Besonders spannend finde ich …

____

____

____

____

____

4. Gestalte ein Poster zum Thema Klapperschlange und präsentiere es vor der Klasse.

Methode: Auf einem **Poster** führst du die wichtigsten Informationen zu einem Thema auf. Recherchiere zunächst die Merkmale einer Klapperschlange, informiere dich dann über ihr Gift und fasse deine Ergebnisse schließlich in Texten und Bildern zusammen. Ist das Kapitel 20 authentisch geschrieben?

»Ich hab ihn!«

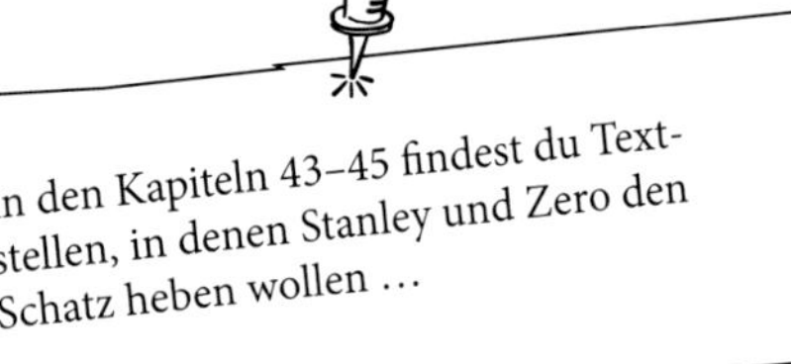

1. Löse folgendes Kreuzworträtsel.
Achtung: Schreibe Namen immer ohne Leerzeichen.

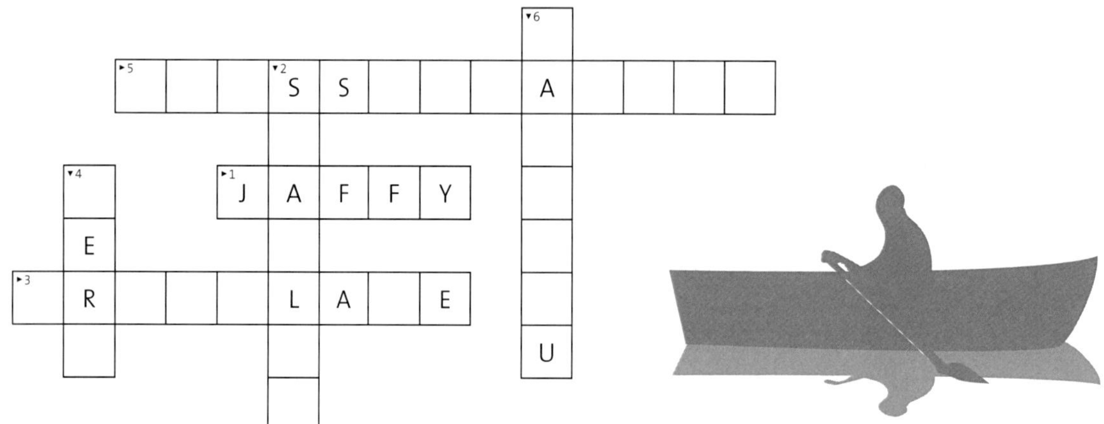

Lösungshinweise:

Horizontal ▶
1) Das Kuscheltier des Freundes heißt …
3) Das Camp heißt …
5) Der Berg heißt …

Vertikal ▼
2) Die Hauptfigur heißt …
4) Der Freund der Hauptfigur heißt …
6) Das Boot in der Wüste heißt …

2. Lies die Kapitel 43 bis 45. Beschrifte folgendes Schaubild mit den Orten in der richtigen Reihenfolge.

Bratpfanne – Camp Green Lake – Großer Daumen – Löcher – Mary Lou

3. Gestalte den Schatzkoffer als Collage.

Mit einer **Collage** kannst du ein Bild aus Bausteinen zusammensetzen. Schneide zunächst Materialien aus Zeitschriften aus. Lege sie dann probeweise auf ein Blatt. Klebe sie schließlich auf.

Ziehe dazu folgende Textstelle heran: S. 256 ff.

4. Nimm Stellung: Wie gefährlich war es für Stanley und Zero, ins Camp zurückzugehen? Schreibe in dein Heft.

Für Stanley und Zero war es sehr / ziemlich / kaum / nicht gefährlich, ins Camp zurückzugehen, weil …

»Ich hab ihn!«

In den Kapiteln 43–45 findest du Textstellen, in denen Stanley und Zero den Schatz heben wollen …

1. Formuliere die Hinweise für folgendes Kreuzworträtsel.

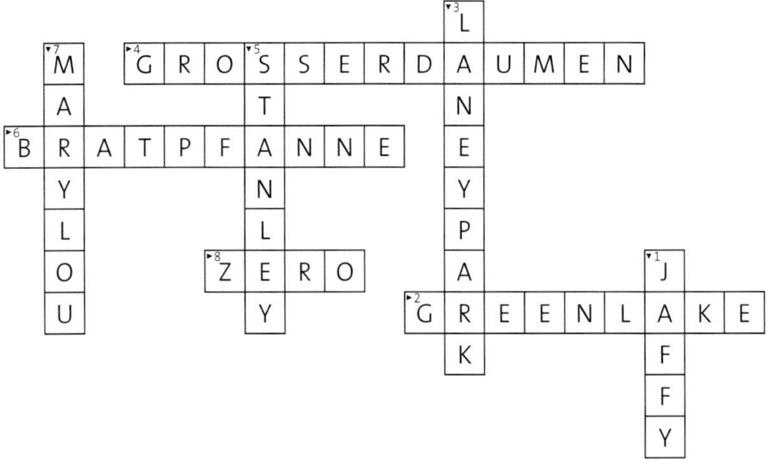

Tipp: Ziehe dazu folgende Textstellen heran:
1) S. 247, 2) S. 250, 3) S. 247, 4) S. 248, 5) S. 242, 6) S. 244, 7) S. 245, 8) S. 242.

1) Zeros Kuscheltier heißt …

2) ______________________

3) ______________________

4) ______________________

5) ______________________

6) ______________________

7) ______________________

8) ______________________

2. Lies die Kapitel 43 bis 45, erstelle ein Schaubild zum Rückweg von Stanley und Zero und erkläre, was an den Orten passiert.

Der Rückweg von Stanley und Zero

Gliedere den Rückweg nach folgenden Textstellen: S. 242 ff., S. 244 ff., S. 246–250, S. 250 f., S. 251.

3. Gestalte den Schatz als Collage.

Mit einer **Collage** kannst du ein Bild aus Bausteinen zusammensetzen. Schneide zunächst Materialien aus Zeitschriften aus, lege sie dann probeweise auf ein Blatt und klebe sie schließlich auf das Papier.

Ziehe dazu folgende Textstelle heran: S. 256 ff.

4. Nimm Stellung zu der Frage, wie gefährlich es für Stanley und Zero war, ins Camp zurückzukehren.

»Ich hab ihn!«

In den Kapiteln 43–45 findest du Textstellen, in denen Stanley und Zero den Schatz heben wollen …

1. Formuliere die Hinweise für folgendes Kreuzworträtsel.

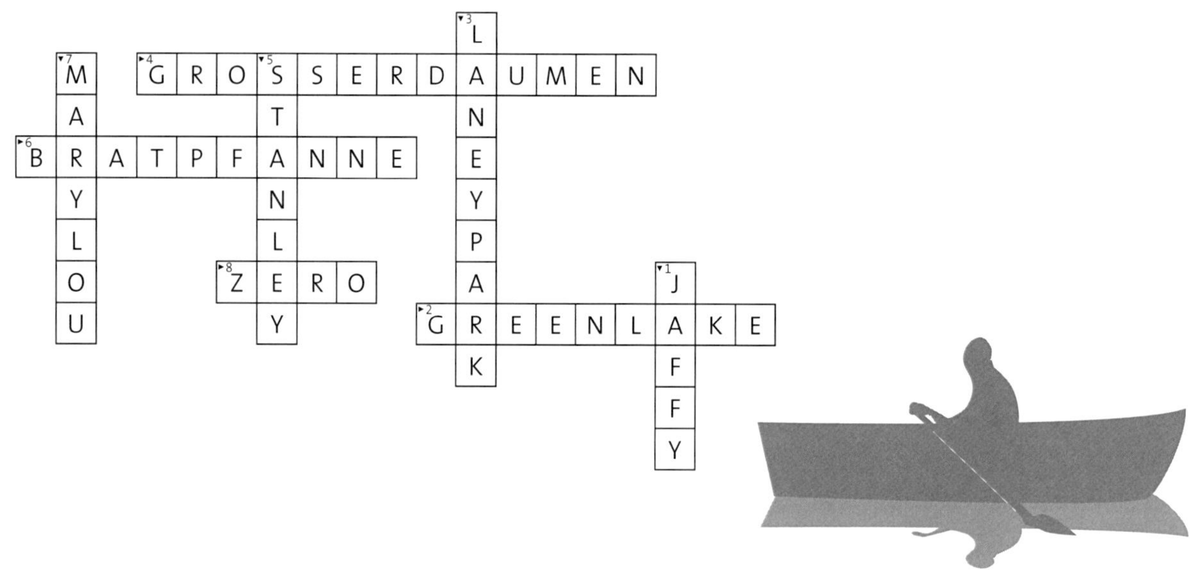

1) Zeros Kuscheltier heißt ... ______
2) ______
3) ______
4) ______
5) ______
6) ______
7) ______
8) ______

2. Lies die Kapitel 43 bis 45 und erläutere stichwortartig in deinem Heft, was an den folgenden Orten passiert.

a) Herunter vom Berg (S. 242–246)

b) Durch die Wüste (S. 246–255)

c) Im Loch (S. 255–258)

3. Übertrage die Beschreibung des Schatzes in eine Collage.

Mit einer **Collage** kannst du ein Bild aus einzelnen Bausteinen zusammensetzen. Sammle zunächst Materialien aus Zeitschriften und Broschüren, lege sie dann probeweise aus und klebe sie schließlich auf ein Blatt Papier. Du kannst die Collage auch durch eigene Fotos oder Zeichnungen ergänzen.

4. Schätze ein, wie gefährlich es für Stanley und Zero war, ins Camp zurückzukehren, und erzähle, ob du auch schon mal ein solches Risiko eingegangen bist.
Schreibe in dein Heft.

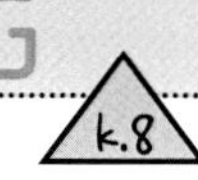

»Du bist ein freier Mensch« (1)

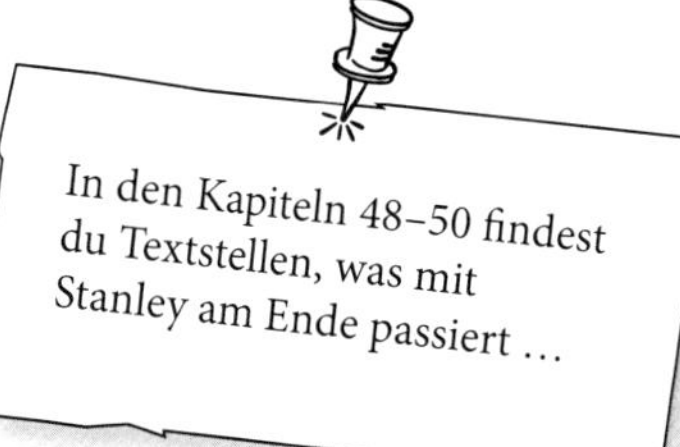

In den Kapiteln 48–50 findest du Textstellen, was mit Stanley am Ende passiert …

1. Kreuze die richtige Antwort an. In Klammern findest du die Seitenzahlen zum Nachlesen.

a) Der Staatsanwalt erklärt Stanley, dass er …

- ☐ … ein freier Mann ist.
- ☐ … den Overall abgeben muss.

(S. 140)

b) Stanley will das Camp …

- ☐ … verlassen.
- ☐ … nur mit Hector verlassen.

(S. 140)

c) Von Stanley verabschieden sich …

- ☐ … alle Jungs aus Gruppe D.
- ☐ … alle Jungs außer X-Ray.

(S. 141)

d) Auf dem Heimweg …

- ☐ … schläft Stanley ein.
- ☐ … regnet es wieder nicht.

(S. 145)

e) Der Staatsanwalt …

- ☐ … schließt das Camp.
- ☐ … übernimmt das Camp.

(S. 148)

f) Im Koffer befinden sich …

- ☐ … alte Turnschuhe.
- ☐ … viele Wertpapiere.

(S. 149)

g) Im Fernsehen läuft …

- ☐ … der Super Bowl.
- ☐ … das alte Lied.

(S. 149)

2. Stell dir vor: Du bist Regisseur und willst den Roman verfilmen. Die Schauspielerin Roma Maffia bewirbt sich für die Rolle von Stanleys Anwältin. Würdest du sie einstellen?

Tipp: Ein Foto von Roma Maffia findest du im Internet auf: www.imdb.com (Stand: Juni 2022).

Auf jeden Fall!	Auf keinen Fall!
Begründung:	Begründung:

»Du bist ein freier Mensch« (2)

3. Lies die Seite 140. Warum seufzt Ms. Morengo?

Ms. Morengo seufzt, weil … ______________________________

____

____

____

____

4. Entwirf eine eigene Strophe für das alte Lied.

Strophe 1

»Wenn, ja wenn«, seufzt der Specht,
»die Rinde am Baum nur ein bisschen
weicher wär!«
Und unten lauert der Wolf,
hungrig und einsam heult er zum Mond,
zum Mo-ho-hond:
»Wenn, ja wenn!«

Strophe 2

Wenn, ja wenn,
doch der Mond bleibt stumm,
er wirft das Sonnenlicht zurück
und alles, was sonst vergangen ist.
Sei stark, mein müder Wolf,
drehe dich nur mutig um.
Fliege hoch hinauf, mein Vögelchen,
mein Engelchen, mein Alles.

Strophe 3

Wenn, ja wenn,

____

____

____

____

____

____

»Du bist ein freier Mensch« (1)

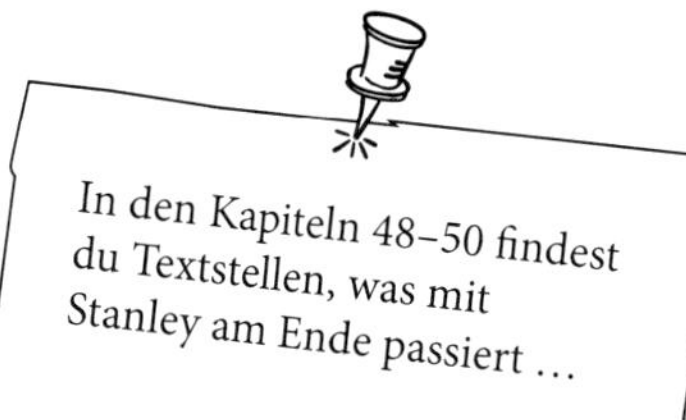

1. Lies die Kapitel 48 bis 50 und kreuze dann die richtige Antwort an. Achtung: Es können auch keine oder alle Antworten richtig sein.

a) Der Attorney General erklärt Stanley, dass er …
- ☐ … ein freier Mann ist.
- ☐ … den Overall behalten darf.

b) Stanley will das Camp …
- ☐ … nicht verlassen.
- ☐ … nur mit Zero verlassen.

c) Von Stanley verabschieden sich …
- ☐ … alle Jungs aus Zelt D.
- ☐ … alle Jungs außer Torpedo.

d) Auf dem Heimweg …
- ☐ … schläft Stanley ein.
- ☐ … regnet es das erste Mal.

e) Der Attorney General …
- ☐ … schließt das Camp.
- ☐ … übernimmt das Camp.

f) Im Koffer befinden sich …
- ☐ … alte Turnschuhe.
- ☐ … kostbare Diamanten.

g) Im Fernsehen läuft …
- ☐ … das Endspiel des Super Bowl.
- ☐ … der Werbeclip für »Ssplisch«.

2. Stelle Stanleys Anwältin mithilfe einer Figureneinkleidung dar.

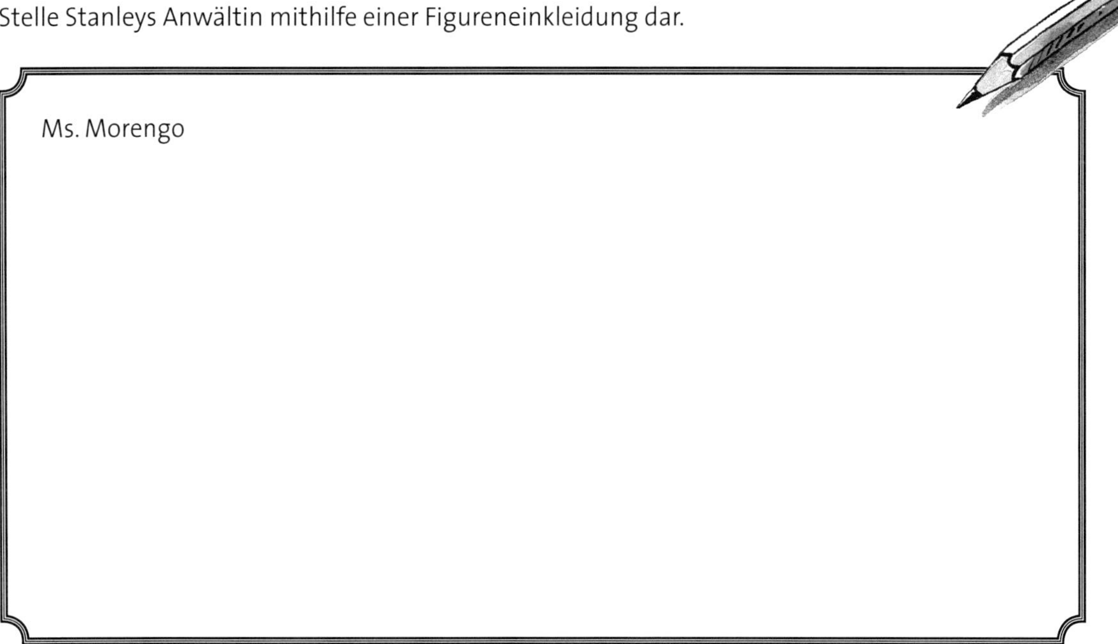

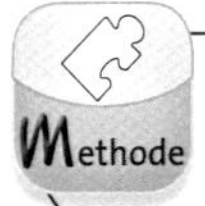

Mit einer **Figureneinkleidung** kannst du dir Figuren besser vorstellen. Lies zunächst das Zitat aus dem Text und übertrage dein Bild im Kopf dann in eine Skizze.

»Du bist ein freier Mensch« (2)

3. Erläutere mithilfe folgenden Pfeildiagramms, wie Stanley seinen Kopf durchsetzt. Was erreicht er dadurch?

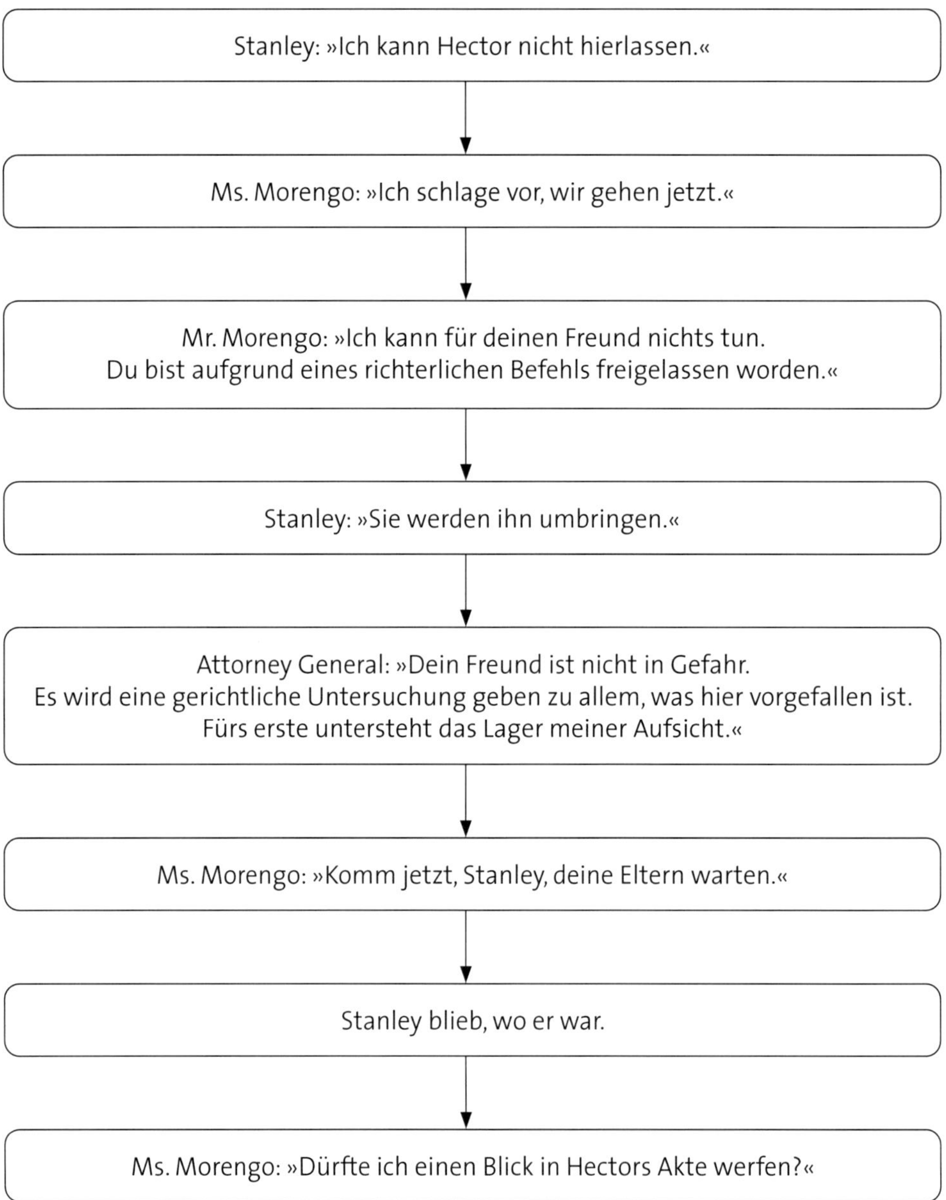

4. Leite aus folgendem Zitat ab, warum Stanley rot wird.

> »Ich will mir noch ein bisschen Kaviar holen«, sagte Clyde. »Sei so lieb und halt meiner Frau solange den Mund zu.« Er stand auf und schlug Stanley auf die Schulter. Stanley schaute unsicher erst auf seine Hand, dann auf die Frau von Clyde Livingston. Sie zwinkerte ihm zu. Er fühlte, wie er rot wurde. (S. 295)

»Du bist ein freier Mensch« (1)

1. Unterstreiche die vier Fehler in folgender Zusammenfassung und schreibe sie richtig in dein Heft.

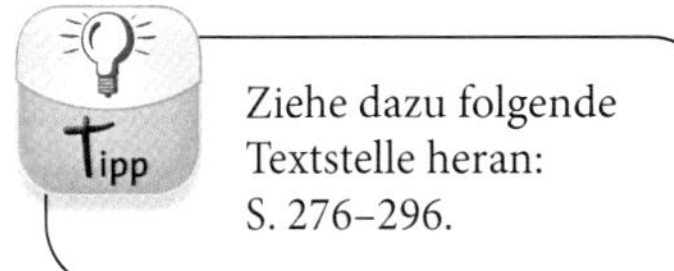

Mr. Pendanski erklärt Stanley, dass er ein freier Mann ist.

Doch Stanley will das Camp nicht ohne Zero verlassen.

Obwohl Mr. Pendanski dessen Tasche nicht findet, kann Zero gehen.

Also verabschieden sich alle Jungs aus Zelt D außer X-Ray von den beiden. Auf dem Nachhauseweg regnet es das erste Mal seit über 10 Jahren. Der Attorney General schließt das Camp für immer. Stanley knackt den Koffer, in dem sich Schmuck und Wertpapiere befinden. Am Ende läuft im Fernsehen eine Werbung für »Ssplisch«.

2. Erkläre, was folgende Beschreibung von Stanleys Anwältin bedeuten könnte.

Mr. Morengo war kleiner als Stanley, aber gleichzeitig wirkte sie irgendwie groß. (S. 276) →

____

____

____

____

____

____

____

____

____

»Du bist ein freier Mensch« (2)

3. Lies noch einmal Kapitel 48 und prüfe, wie Stanley seinen Willen durchsetzt und Zero damit zur Freiheit verhilft.

Um seinem Freund zur Freiheit zu verhelfen, ...

4. Leite aus folgendem Zitat ab, warum Stanley rot wird. Was könnte ihm durch den Kopf gehen?

> »Ich will mir noch ein bisschen Kaviar holen«, sagte Clyde. »Sei so lieb und halt meiner Frau solange den Mund zu.« Er stand auf und schlug Stanley auf die Schulter. Stanley schaute unsicher erst auf seine Hand, dann auf die Frau von Clyde Livingston. Sie zwinkerte ihm zu. Er fühlte, wie er rot wurde. (S. 295)

5. Was denkst du über den Schluss den Romans? Findest du das Happy End passend? Oder hättest du dir einen anderen Schluss vorstellen können oder gewünscht? Schreibe einen kurzen Text und begründe darin deine Meinung.

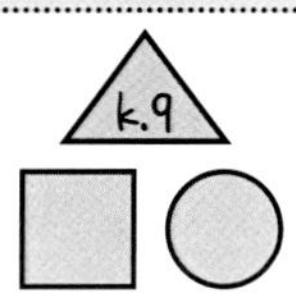

Deine Meinung zu »Löcher«

Du hast dich nun lange mit Stanleys Geschichte beschäftigt ...

1. Nummeriere folgende Figuren. Die 1 bekommt die Figur, die du am sympathischsten fandest. Die 9 bekommt die Figur, die du am unsympathischsten fandest.

☐ Deo	☐ Mr. Sir	☐ Torpedo
☐ Magnet	☐ Mrs. Walker	☐ X-Ray
☐ Mr. Pendanski	☐ Stanley	☐ Zero

2. Beantworte folgende Fragen.

a) Welche Stelle im Roman hat dir am besten gefallen? ______________________

____

b) Welche Stelle im Roman fandest du am spannendsten? ______________________

____

3. Kreuze folgende Aussagen an.

	stimmt total	stimmt	geht so	stimmt nicht
a) Stanley ist Opfer eines Familienfluchs.	○	○	○	○
b) Solche boot camps sind eigentlich ganz gut für den Strafvollzug.	○	○	○	○
c) Das Buch ist lustig.	○	○	○	○
d) Ich finde die parallelen Handlungsstränge sehr verwirrend.	○	○	○	○
e) Die Arbeit mit dem Buch hat mir Spaß gemacht.	○	○	○	○

4. Bewerte den Roman mit der Fünf-Finger-Methode.

Methode

Die **Fünf-Finger-Methode** ist eine Methode, mit der ein schnelles Feedback möglich wird. Hebt reihum eine Hand und gebt pro Finger eure Meinung ab. Daumen: Das fand ich top; Zeigefinger: Darauf möchte ich hinweisen; Mittelfinger: Das hat mir gestunken; Ringfinger: Das war besonders berührend; kleiner Finger: Das kam mir zu kurz.

Lösungsvorschläge

K.2

2. Freunde, übergewichtig, lustig, grausame

2. Freunde, übergewichtig, lustig, grausamen, schwerste, leichteste, dreimal, peinlich

K.3

2. Schaufeln statt Eimer, Mr. Sir statt Mr. Pendanski, Erde statt Schaufel

2. 1E, 2G, 3A, 4D, 5B, 6F, 7C

2. 1 – Zum Frühstück hatte es ..., S. 36/37, Z. 27/1; 2 – Dann hatten sie ihre Trinkflaschen ..., S. 37, Z. 6 f.; 3 – Er sah einen Spalt ..., S. 38, Z. 11 ff.; 4 – Mr. Sir füllte jedem ..., S. 44, Z. 11 f.; 5 – Widerstrebend stieg er aus ..., S. 46, Z. 19 ff.; 6 – Stanley lehnte sich mit dem ..., S. 48, Z. 15–20; 7 – Mit der Schaufel schlug er ..., S. 54/55, Z. 27/1 f.

K.4

2. Elya Yelnats, Lettland, Myra Menke, Igor Barkov, Amerika, Englisch, Sarah Miller, Stanley
3. 1A, 1D, 1E, 2B, 2C, 2F, 3G, 3H, 3I

2. Elya Yelnats, Lettland, Lettisch und Englisch, Myra Menke, Igor Barkov, Amerika, Sarah Miller, Stanley (Yelnats rückwärts)
3. Weil sie schön ist, weil sie noch nicht 15 ist, zu jung zum Heiraten, verzichtet auf Myra (da sie sich nicht entscheiden kann)

2. Elya Yelnats, Lettland, Lettisch und Englisch, Myra Menke, Igor Barkov, Amerika, Sarah Miller, Stanley (Yelnats rückwärts)

K.5

1. X-Ray, Mr. Pendanski, Boss, Stanley

1. X-Ray, Mr. Pendanski, Torpedo, Boss, Stanley

K.6

1. Lösungswort: Schlange
2. Weil Mr. Sir die Chefin stört, weil sie ein Exempel statuieren möchte

1. Stanley tut es gut, im Schatten der zwei Eichen zur Hütte zu gehen. / Stanley wundert sich, dass es in der Nähe des Hauses so viele Löcher gibt. / Stanley hat große Angst und erzählt der Chefin, was er getan hat. / Mr. Sir meint zur Chefin, dass Stanley nicht die Wahrheit sagt. / Stanley muss der Chefin ihren Kosmetikkoffer holen. / Die Chefin erklärt Stanley die Herkunft ihres Nagellacks: Klapperschlangengift. / Sie berührt Stanley mit einem Fingernagel und er verspürt einen stechenden Schmerz. / Die Chefin schlägt Mr. Sir ins Gesicht. / Mr. Sir hat entsetzliche Schmerzen und windet sich in Todesqualen auf dem Boden. / Die Chefin entlässt Stanley und kündigt an, dass sich Mr. Sir sicher an Stanley rächen wird.
2. Weil Mr. Sir die Chefin stört, weil sie ein Exempel statuieren möchte

K.7

1. 1) Jaffy, 3) Greenlake, 5) Grosserdaumen, 2) Stanley, 4) Zero, 6) Marylou
2. Großer Daumen, Bratpfanne, Mary Lou, Löcher, Camp Green Lake

1. Zeros Kuscheltier heißt, das Camp heißt, Zeros Spielplatz heißt, der Berg heißt, die Hauptfigur heißt, die Ebene heißt, das Boot heißt, Stanleys Freund heißt

K.8

1. ein freier Mann ist, nur mit Hector verlassen, alle Jungs außer X-Ray, schläft Stanley ein, schließt das Camp, viele Wertpapiere, der Super Bowl
3. Ms. Morengo seufzt, weil Stanley so ein Dickkopf ist.

1. ein freier Mann ist / den Overall behalten darf, nur mit Zero verlassen, schläft Stanley ein / regnet es das erste Mal, schließt das Camp, das Endspiel des Super Bowl / der Werbeclip für »Ssplisch«
3. »›Sie werden ihn umbringen‹«: Stanley macht schlechtes Gewissen; »Stanley blieb, wo er war«: Stanley stellt sich stur
4. Weil Clydes Frau ihm zuzwinkert, weil er sie berühren soll

1. Attorney General statt Mr. Pendanski, Akte statt Tasche, 100 statt 10, Stanleys Vater statt Stanley
2. Ausstrahlung, Bedeutung, Selbstbewusstsein
3. »›Sie werden ihn umbringen‹«: Stanley macht schlechtes Gewissen; »Stanley blieb, wo er war«: Stanley stellt sich stur
4. Weil Clydes Frau ihm zuzwinkert, weil er sie berühren soll